遊戲圖鑑

無論何時何地何人皆可

奧成 達 作　　ながたはるみ 圖

豐鶴文化

前言

你現在每天都在玩什麼遊戲？喜歡在外面嬉戲？還是在家裡嬉戲呢？本書網羅了各式各樣，不計其數的遊戲，包括由祖父、祖母流傳下來的傳統遊戲、最新型的遊戲、在家裡玩、在外面玩的遊戲、在晴天玩、在雨天玩的遊戲，令你飽覽無遺。

愉快，無論是何種遊戲，其共通的特點就是要使自己的心情更加愉快，更加蓬勃有朝氣，讓全身動起來，例如：跳繩或抓鬼等遊戲，需要有跑、跳的力氣及瞬間的判斷力；爲了打到別人的彈珠，必須目測別人彈珠的位置，並且計算需用多少力量；還有爲了使每個人玩得愉快，必須具備考慮到人數、場地而適時改變規則的智慧，如此"遊戲"便可說是動手動腦、活動全身、舞動心情的事情了，就腦力活動而言是指"學習"，就體力活動而言，是指"運動"，而遊戲可說是兼具了這兩個層面。折紙或花草遊戲是很好的手指運動，而且需要創造力，如此看來，不僅是好玩的事情而已，對各位而言，可說是很重要、很有意義的事情。

遊戲可以自己玩、自我娛樂的事情，但若是與大家一起玩的話，會有更多不同的樂趣。請從本書中找出既適合自己又好玩的遊戲，然後與大家快樂地玩在一起吧！

花草遊戲

自然界遊戲

花草遊戲

花草遊戲

在你每天不經意看到、且容易忽視的花花草草之中，也可以看到自然界的變化情形，我們是感覺到冷熱而知道四季變化，但仔細觀察的話，會發現庭院、公園、路旁的花花草草也隨時在告訴我們四季的訊息。

所謂花草遊戲，便是藉由花花草草來與大自然交朋友的遊戲，便是與花草為伍、感受到奧妙的季節變化的遊戲，春天時找春天的、夏天時找夏天的花草為遊戲對象，若注意一下身邊的花花草草，會發現在春季將盡、夏季將至的時節，春季的花還未凋謝，夏季的花還在開的時候，會令人感覺到季節交替的到來。

公園的花壇、盆栽中不可攀摘的花草，是無法做花草遊戲的，但只要留意一下，應說會發現路邊、牆垣、小空地或河堤邊等處會有許多的花花草草，你不妨在到學校的路途中找找看吧！

另外，登山、健行時，請盡情地賞玩原野上各式各樣的花花草草。有玩過狗尾草的人應該會記得它那令人癢得難以言語的感覺，這是沒玩過的人絕對無法體會到的樂趣，若不親身去接觸、賞玩這些花草的話，便無發掘這項有趣的遊戲。

原本遊戲或玩具的材料就是利用花草、木材、石頭、貝類等自然界的東西完成的，而其種花草又可說是最古早型的玩具。

用花草做娃娃、玩樹的果實、吹草笛等古代小孩的遊戲，依然傳承到現代，這些"花草遊戲"至今仍潛藏著無限的魅力。

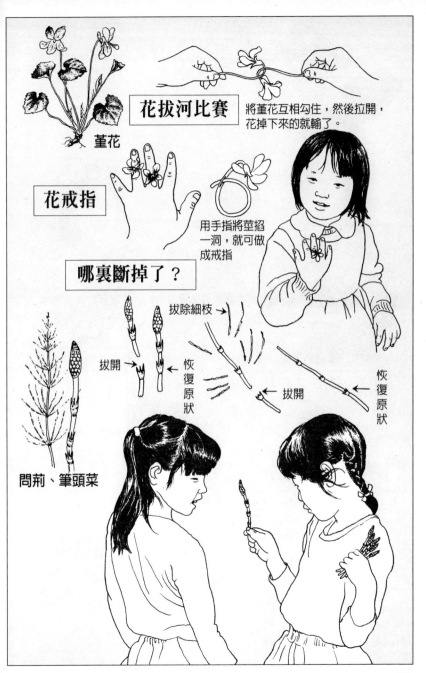

董花

花拔河比賽
將董花互相勾住,然後拉開,花掉下來的就輸了。

花戒指
用手指將莖招一洞,就可做成戒指

哪裏斷掉了?

拔除細枝

拔開 ← 恢復原狀

問荊、筆頭菜

拔開

恢復原狀

用針穿上線，然後將山茶花串在一起。

山茶

花圈

花冠

將山茶的葉子用
小細枝或松針串
起來，圍成圓圈
之後，再用花裝
飾，如此便完成
一美麗的花冠。

花苞娃娃

扮家家酒

① 往裡折

② 圍成圓形

③ 向上折

④ 再折入中
央即可。

⑤

①

②

③

④

用八個花瓣的
花苞來做娃娃
，花瓣要慢慢地、仔細地打開。

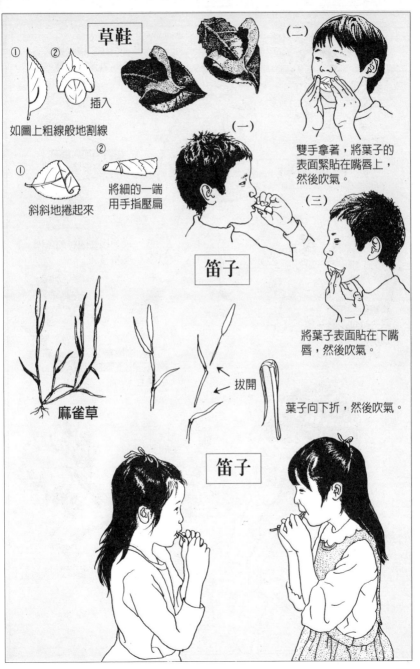

草鞋

① ②

插入

如圖上粗線般地割線

① ②

斜斜地捲起來

將細的一端用手指壓扁

笛子

（一）

（二）

雙手拿著，將葉子的表面緊貼在嘴唇上，然後吹氣。

（三）

將葉子表面貼在下嘴唇，然後吹氣。

麻雀草

拔開

葉子向下折，然後吹氣。

笛子

13

櫻花

樹脂遊戲

樹幹中的樹脂是透明的,就像麥芽糖一樣。

樹脂中加入唾液,並充分搓揉

像是蜘蛛網般的將樹脂拉長。

花環

將飄落的花瓣,一片一片地用針和線連接在一起。

可將"樹脂網"纏繞在樹上或昆蟲身上。

笛子

將豆莢剖開,取出中間的豆子。

切開

豌豆

已經太熟、黑掉的豆莢也可以使用。嘴巴放在與切口相反的尾端吹氣。

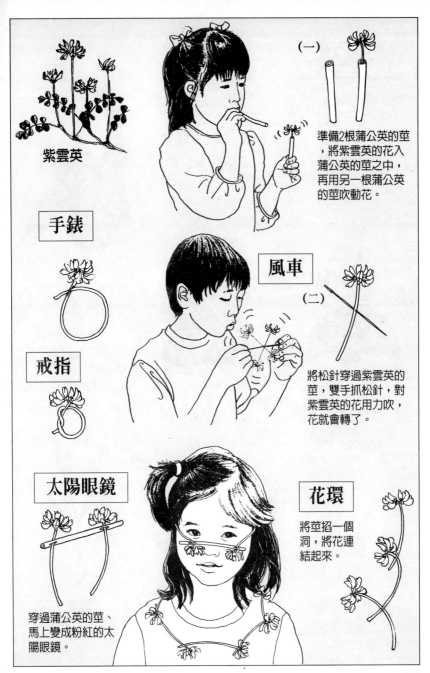

紫雲英

(一)
準備2根蒲公英的莖，將紫雲英的花入蒲公英的莖之中，再用另一根蒲公英的莖吹動花。

手錶

風車

(二)
將松針穿過紫雲英的莖，雙手抓松針，對紫雲英的花用力吹，花就會轉了。

戒指

太陽眼鏡

花環
將莖招一個洞，將花連結起來。

穿過蒲公英的莖、馬上變成粉紅的太陽眼鏡。

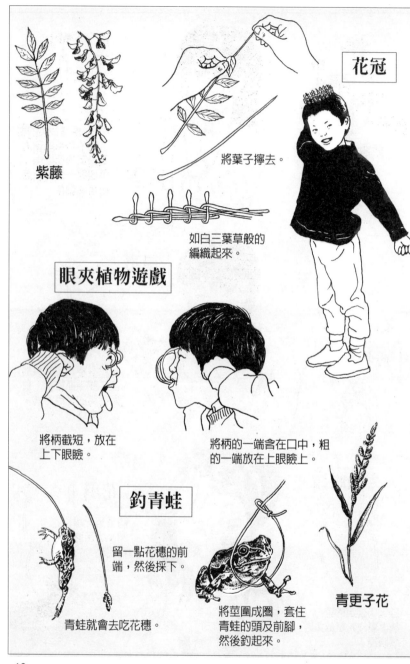

紫藤

將葉子摔去。

花冠

如白三葉草般的
編織起來。

眼夾植物遊戲

將柄截短，放在
上下眼瞼。

將柄的一端含在口中，粗
的一端放在上眼瞼上。

釣青蛙

留一點花穗的前
端，然後採下。

青蛙就會去吃花穗。

將莖圍成圈，套住
青蛙的頭及前腳，
然後釣起來。

青更子花

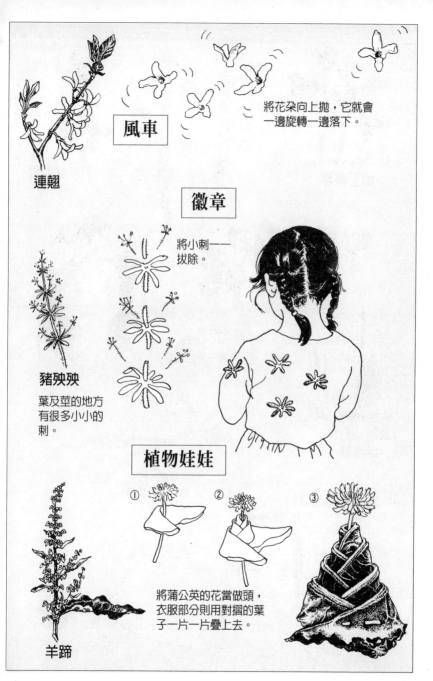

風車

將花朵向上拋，它就會一邊旋轉一邊落下。

連翹

徽章

將小刺一一拔除。

豬殃殃

葉及莖的地方有很多小小的刺。

植物娃娃

① ② ③

將蒲公英的花當做頭，衣服部分則用對摺的葉子一片一片疊上去。

羊蹄

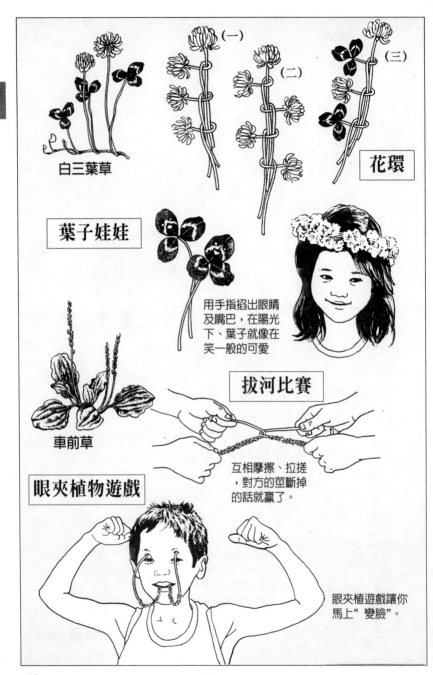

白三葉草

（一）
（二）
（三）

花環

葉子娃娃

用手指掐出眼睛及嘴巴，在陽光下、葉子就像在笑一般的可愛

車前草

拔河比賽

互相摩擦、拉搓，對方的莖斷掉的話就贏了。

眼夾植物遊戲

眼夾植遊戲讓你馬上"變臉"。

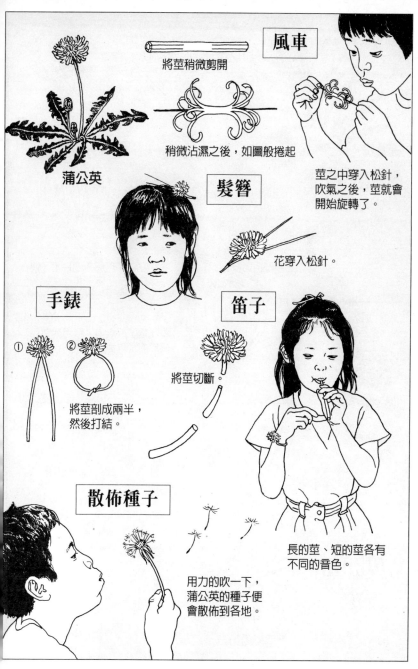

風車

將莖稍微剪開

稍微沾濕之後，如圖般捲起

蒲公英

莖之中穿入松針，吹氣之後，莖就會開始旋轉了。

髮簪

花穿入松針。

手錶

① ②

將莖剖成兩半，然後打結。

笛子

將莖切斷。

散佈種子

用力的吹一下，蒲公英的種子便會散佈到各地。

長的莖、短的莖各有不同的音色。

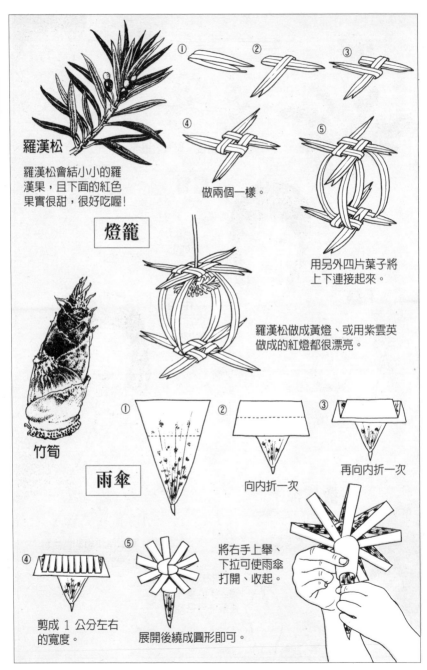

羅漢松

羅漢松會結小小的羅漢果，且下面的紅色果實很甜，很好吃喔！

① ② ③

④

做兩個一樣。

⑤

用另外四片葉子將上下連接起來。

燈籠

羅漢松做成黃燈、或用紫雲英做成的紅燈都很漂亮。

竹筍

雨傘

① ② ③

向內折一次

再向內折一次

④

剪成 1 公分左右的寬度。

⑤

展開後繞成圓形即可。

將右手上舉、下拉可使雨傘打開、收起。

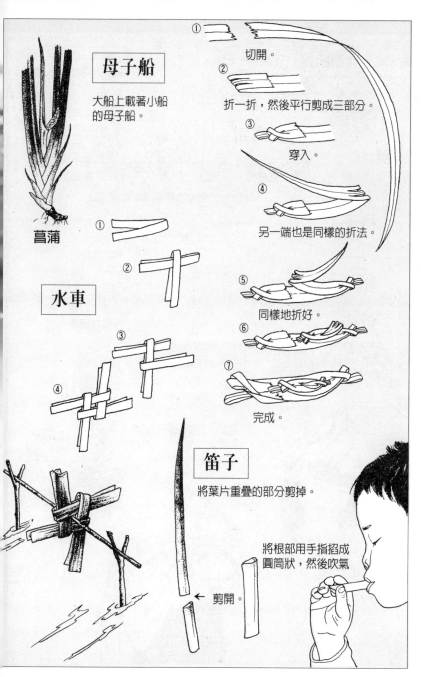

母子船

大船上載著小船的母子船。

菖蒲

① 切開。

② 折一折，然後平行剪成三部分。

③ 穿入。

④ 另一端也是同樣的折法。

⑤ 同樣地折好。

⑥

⑦ 完成。

水車

①

②

③

④

笛子

將葉片重疊的部分剪掉。

將根部用手指掐成圓筒狀，然後吹氣。

← 剪開。

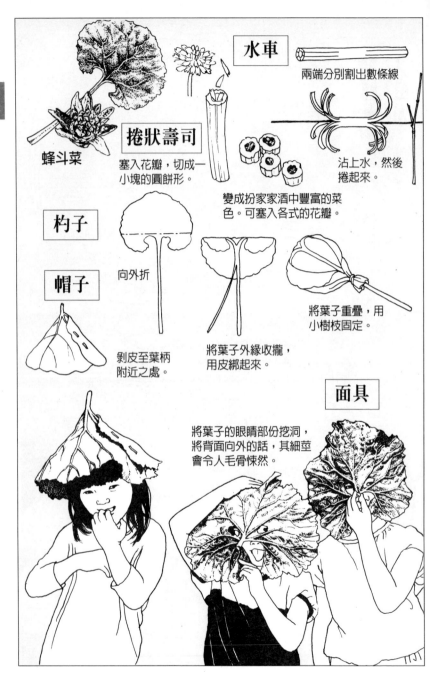

蜂斗菜

捲狀壽司

塞入花瓣，切成一
小塊的圓餅形。

水車

兩端分別割出數條線

沾上水，然後
捲起來。

變成扮家家酒中豐富的菜
色。可塞入各式的花瓣。

杓子

向外折

帽子

剝皮至葉柄
附近之處。

將葉子外緣收攏，
用皮綁起來。

將葉子重疊，用
小樹枝固定。

面具

將葉子的眼睛部份挖洞，
將背面向外的話，其細莖
會令人毛骨悚然。

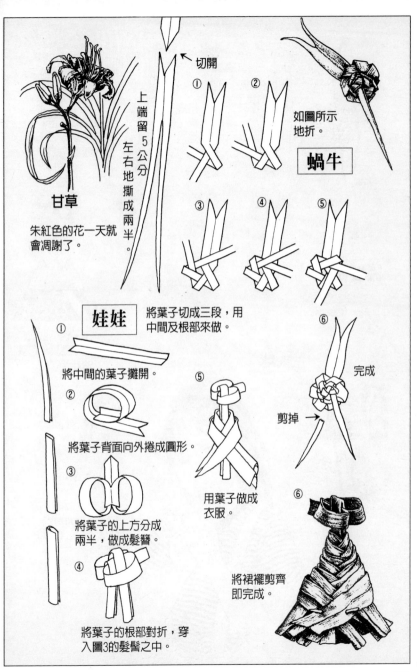

甘草

朱紅色的花一天就會凋謝了。

上端留5公分 左右地撕成兩半。

切開

蝸牛

① ② 如圖所示地折。

③ ④ ⑤

⑥ 完成

剪掉→

娃娃

將葉子切成三段，用中間及根部來做。

① 將中間的葉子攤開。

② 將葉子背面向外捲成圓形。

③ 將葉子的上方分成兩半，做成髮髻。

④ 將葉子的根部對折，穿入圖3的髮髻之中。

⑤ 用葉子做成衣服。

⑥ 將裙襬剪齊即完成。

23

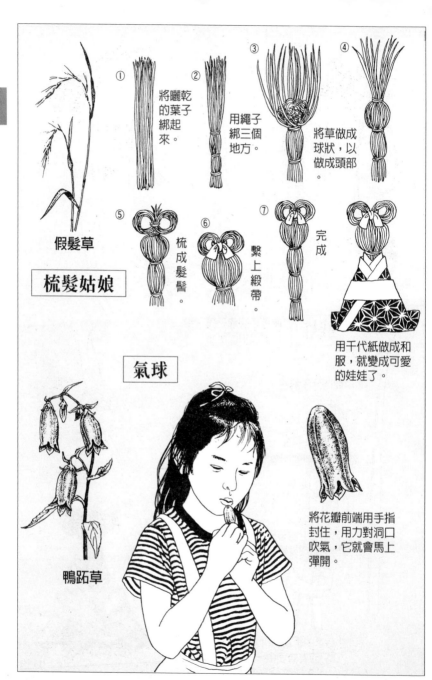

假髮草

① 將曬乾的葉子綁起來。

② 用繩子綁三個地方。

③ 將草做成球狀，以做成頭部。

④

梳髮姑娘

⑤ 梳成髮髻。

⑥

⑦ 繫上緞帶。

完成

用千代紙做成和服，就變成可愛的娃娃了。

氣球

鴨跖草

將花瓣前端用手指封住，用力對洞口吹氣，它就會馬上彈開。

傳說中，在七夕的夜晚，牛郎會騎著漂亮的
馬踏上銀河之路與織女相會，現在我們就用
曬乾的真菰或燈蕊草來做吧！

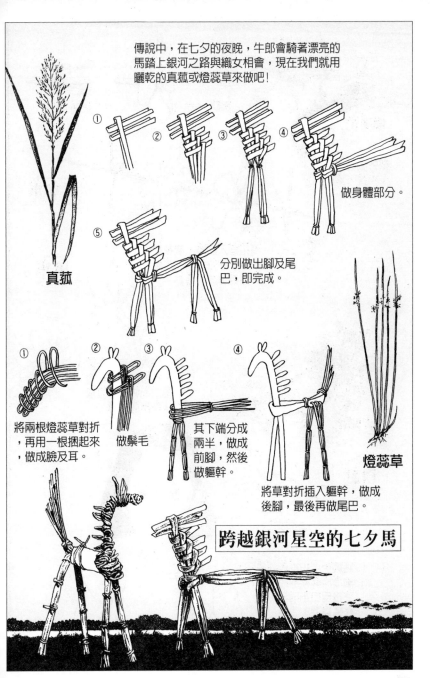

真菰

① ② ③ ④

做身體部分。

⑤

分別做出腳及尾
巴，即完成。

燈蕊草

① ②做鬃毛 ③ ④

將兩根燈蕊草對折
，再用一根捆起來
，做成臉及耳。

其下端分成
兩半，做成
前腳，然後
做軀幹。

將草對折插入軀幹，做成
後腳，最後再做尾巴。

跨越銀河星空的七夕馬

栀子花

花會散發出香味，果實可當成染料或果實。

拔開 ← → 拔開

水車

將花穿入細枝，使花瓣稍微浸在流水中，花車會隨著水流而轉動。

風車

將花插入竹子或吸管中，花做的風車會隨著風吹而轉動，並飄散出香甜的味道。

大麗花

口紅

將紅色或粉紅色的花瓣撕成嘴唇的形狀，然後用口水沾濕，貼在嘴唇上。

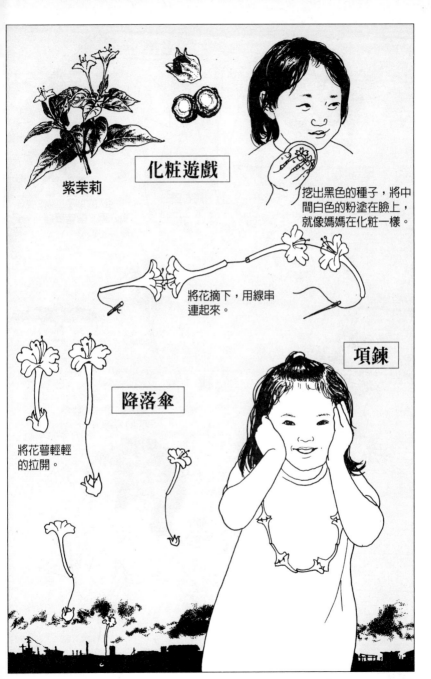

紫茉莉

化粧遊戲

挖出黑色的種子，將中間白色的粉塗在臉上，就像媽媽在化粧一樣。

將花摘下，用線串連起來。

項鍊

降落傘

將花萼輕輕的拉開。

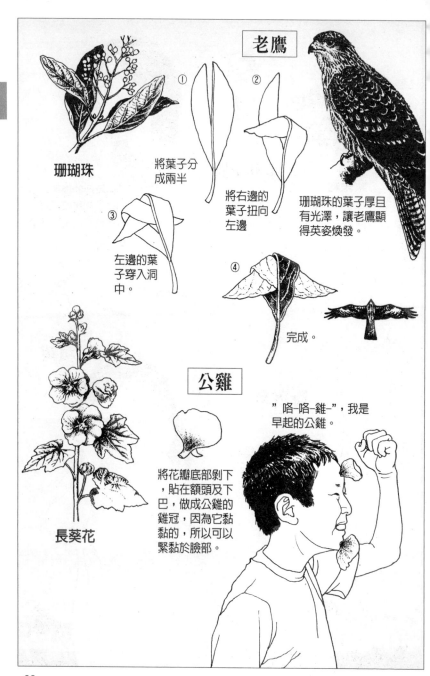

老鷹

珊瑚珠

① 將葉子分成兩半

② 將右邊的葉子扭向左邊

③ 左邊的葉子穿入洞中。

珊瑚珠的葉子厚且有光澤，讓老鷹顯得英姿煥發。

④ 完成。

公雞

"咯–咯–雞–"，我是早起的公雞。

將花瓣底部剝下，貼在額頭及下巴，做成公雞的雞冠，因為它黏黏的，所以可以緊黏於臉部。

長葵花

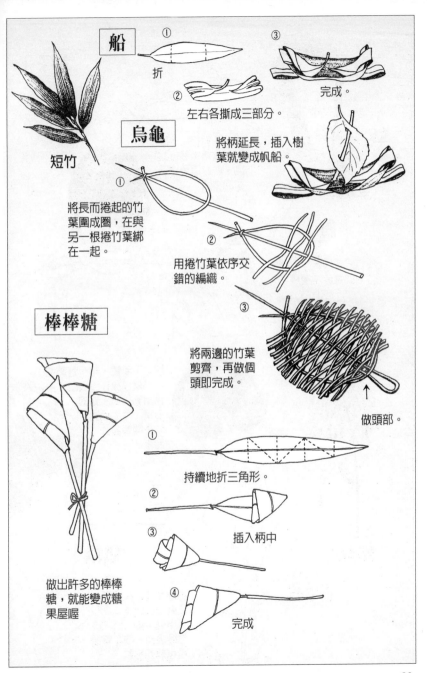

船

① 折

② 左右各撕成三部分。

③ 完成。

短竹

烏龜

將柄延長，插入樹葉就變成帆船。

① 將長而捲起的竹葉圍成圈，在與另一根捲竹葉綁在一起。

② 用捲竹葉依序交錯的編織。

③ 將兩邊的竹葉剪齊，再做個頭即完成。

做頭部。

棒棒糖

① 持續地折三角形。

② 插入柄中

③

④ 完成

做出許多的棒棒糖，就能變成糖果屋喔

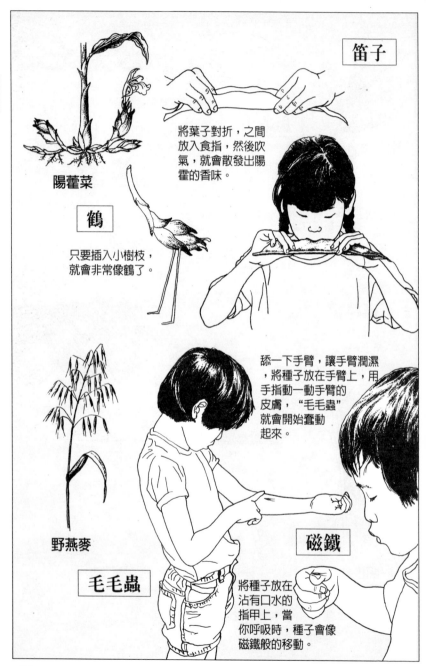

笛子

陽藿菜

將葉子對折，之間放入食指，然後吹氣，就會散發出陽藿的香味。

鶴

只要插入小樹枝，就會非常像鶴了。

舔一下手臂，讓手臂潤濕，將種子放在手臂上，用手指動一動手臂的皮膚，"毛毛蟲"就會開始蠢動起來。

野燕麥

磁鐵

毛毛蟲

將種子放在沾有口水的指甲上，當你呼吸時，種子會像磁鐵般的移動。

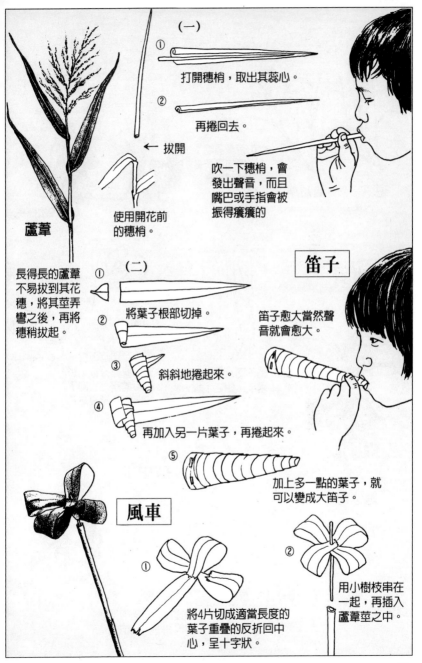

蘆葦

長得長的蘆葦不易拔到其花穗，將其莖弄彎之後，再將穗稍拔起。

（一）

① 打開穗梢，取出其蕊心。

② 再捲回去。

← 拔開

使用開花前的穗梢。

吹一下穗梢，會發出聲音，而且嘴巴或手指會被振得癢癢的

笛子

（二）

① 將葉子根部切掉。

②

③ 斜斜地捲起來。

④ 再加入另一片葉子，再捲起來。

⑤ 加上多一點的葉子，就可以變成大笛子。

笛子愈大當然聲音就會愈大。

風車

① 將4片切成適當長度的葉子重疊的反折回中心，呈十字狀。

② 用小樹枝串在一起，再插入蘆葦莖之中。

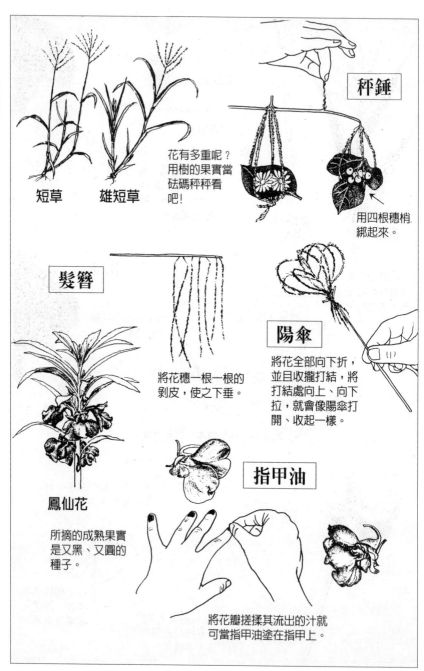

短草　雄短草

花有多重呢？用樹的果實當砝碼秤秤看吧！

秤錘

用四根穗梢綁起來。

髮簪

將花穗一根一根的剝皮，使之下垂。

陽傘

將花全部向下折，並且收攏打結，將打結處向上、向下拉，就會像陽傘打開、收起一樣。

鳳仙花

所摘的成熟果實是又黑、又圓的種子。

指甲油

將花瓣搓揉其流出的汁就可當指甲油塗在指甲上。

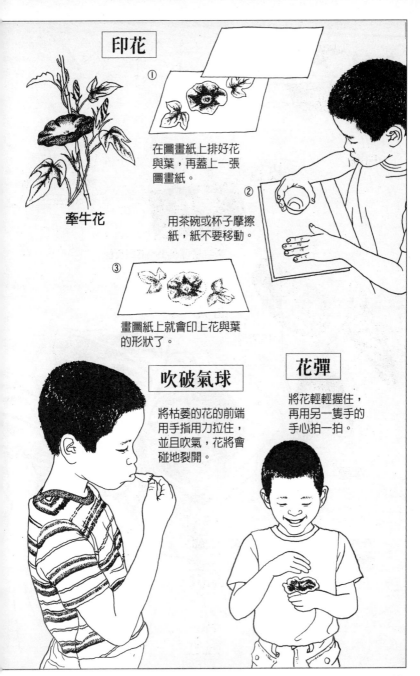

印花

① 在圖畫紙上排好花與葉，再蓋上一張圖畫紙。

牽牛花

② 用茶碗或杯子摩擦紙，紙不要移動。

③ 畫圖紙上就會印上花與葉的形狀了。

吹破氣球

將枯萎的花的前端用手指用力拉住，並且吹氣，花將會碰地裂開。

花彈

將花輕輕握住，再用另一隻手的手心拍一拍。

33

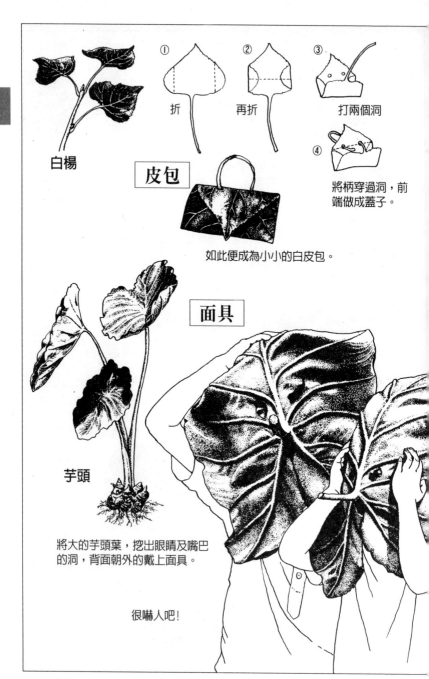

白楊

① 折

② 再折

③ 打兩個洞

④ 將柄穿過洞，前端做成蓋子。

皮包

如此便成為小小的白皮包。

面具

芋頭

將大的芋頭葉，挖出眼睛及嘴巴的洞，背面朝外的戴上面具。

很嚇人吧！

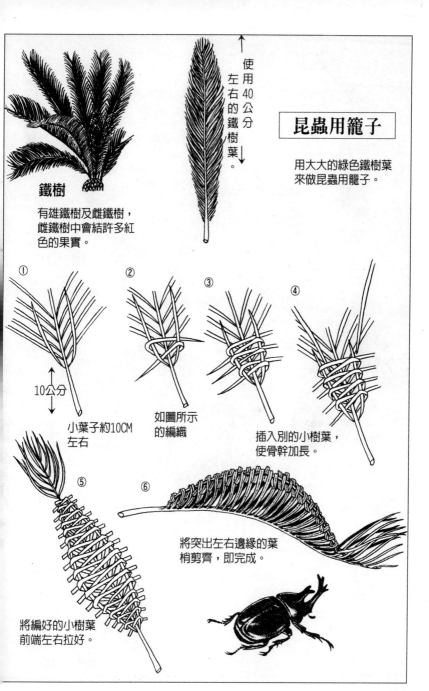

使用左右40公分的鐵樹葉。

鐵樹

有雄鐵樹及雌鐵樹，雌鐵樹中會結許多紅色的果實。

昆蟲用籠子

用大大的綠色鐵樹葉來做昆蟲用籠子。

① 小葉子約10CM左右

10公分

② 如圖所示的編織

③

④ 插入別的小樹葉，使骨幹加長。

⑤ 將編好的小樹葉前端左右拉好。

⑥ 將突出左右邊緣的葉梢剪齊，即完成。

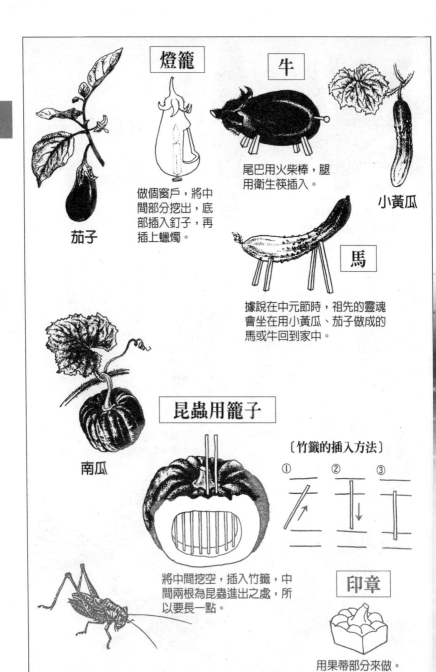

燈籠

做個窗戶，將中間部分挖出，底部插入釘子，再插上蠟燭。

茄子

牛

尾巴用火柴棒，腿用衛生筷插入。

小黃瓜

馬

據說在中元節時，祖先的靈魂會坐在用小黃瓜、茄子做成的馬或牛回到家中。

南瓜

昆蟲用籠子

〔竹籤的插入方法〕

① ② ③

將中間挖空，插入竹籤，中間兩根為昆蟲進出之處，所以要長一點。

印章

用果蒂部分來做。

印章

用蕃藷做印章的話，刻壞了也沒有關係，只要削掉重新刻就好了。

蕃藷

面具

西瓜

將西瓜切成兩半，將果肉吃掉，然後儘量挖成恐佈的模樣。

氣球

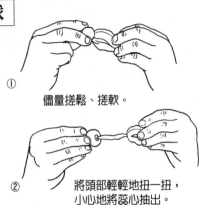

酸漿果

① 儘量搓鬆、搓軟。

② 將頭部輕輕地扭一扭，小心地將蕊心抽出。

③
不要傷到酸漿果果皮的情況下，用牙籤將中間剩下的種子掏出。

船

將酸漿果剖成兩半，就可以變成兩艘小船了。

〔使酸漿果出聲的方法〕

將吹鼓的酸漿果放在下唇，然後用上排牙齒輕輕地咬就會發「KYU」的聲音。

娃娃

（一）

將酸漿果分成三部分，像是穿和服般的合起來，再用紙質緞帶打結。

（二）

用千代紙包起來也很可愛。

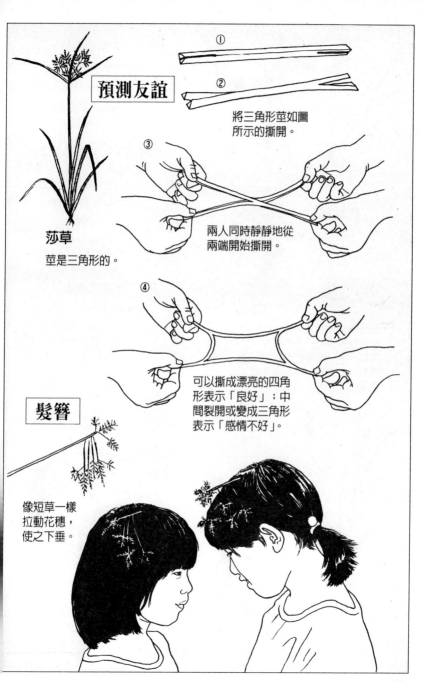

預測友誼

①

②

將三角形莖如圖所示的撕開。

③

兩人同時靜靜地從兩端開始撕開。

莎草

莖是三角形的。

④

可以撕成漂亮的四角形表示「良好」；中間裂開或變成三角形表示「感情不好」。

髮簪

像短草一樣拉動花穗，使之下垂。

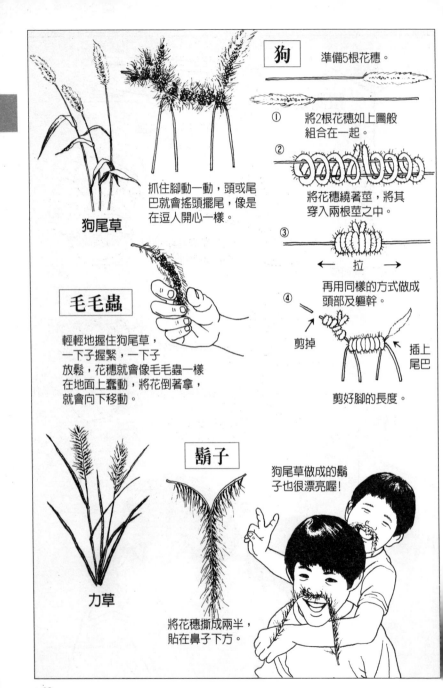

狗尾草

抓住腳動一動，頭或尾巴就會搖頭擺尾，像是在逗人開心一樣。

毛毛蟲

輕輕地握住狗尾草，一下子握緊，一下子放鬆，花穗就會像毛毛蟲一樣在地面上蠕動，將花倒著拿，就會向下移動。

力草

狗

準備5根花穗。

① 將2根花穗如上圖般組合在一起。

② 將花穗繞著莖，將其穿入兩根莖之中。

③ ← 拉 →

再用同樣的方式做成頭部及軀幹。

④ 剪掉　　插上尾巴

剪好腳的長度。

鬍子

狗尾草做成的鬍子也很漂亮喔！

將花穗撕成兩半，貼在鼻子下方。

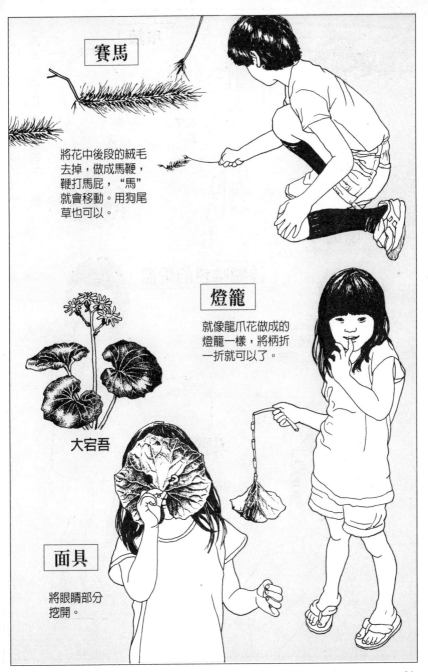

賽馬

將花中後段的絨毛去掉，做成馬鞭，鞭打馬屁，"馬"就會移動。用狗尾草也可以。

燈籠

就像龍爪花做成的燈籠一樣，將柄折一折就可以了。

大宕吾

面具

將眼睛部分挖開。

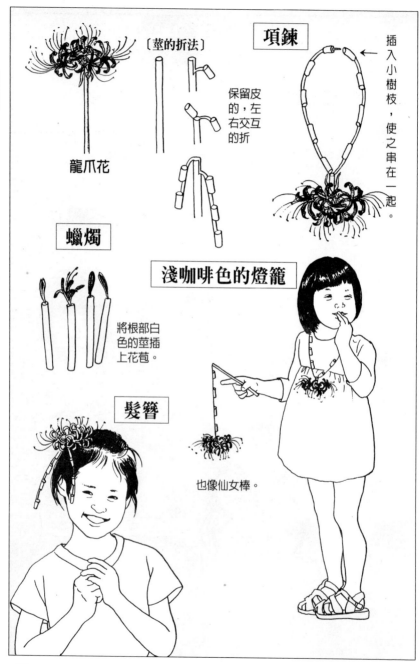

龍爪花

〔莖的折法〕

保留皮
的，左
右交互
的折

項鍊

插入小樹枝，使之串在一起。

蠟燭

淺咖啡色的燈籠

將根部白
色的莖插
上花苞。

髮簪

也像仙女棒。

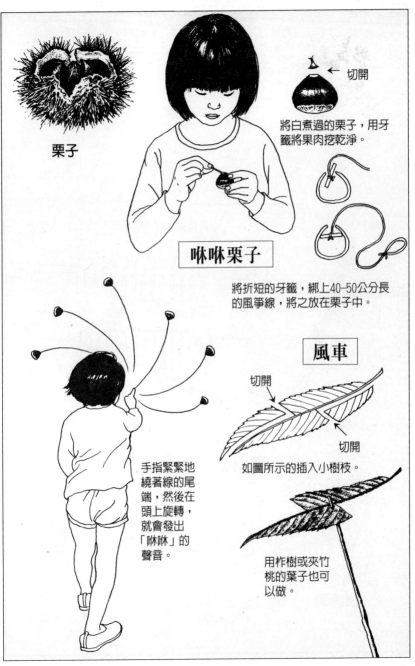

栗子

← 切開

將白煮過的栗子,用牙
籤將果肉挖乾淨。

咻咻栗子

將折短的牙籤,綁上40-50公分長
的風箏線,將之放在栗子中。

風車

切開

切開

如圖所示的插入小樹枝。

手指緊緊地
繞著線的尾
端,然後在
頭上旋轉,
就會發出
「咻咻」的
聲音。

用柞樹或夾竹
桃的葉子也可
以做。

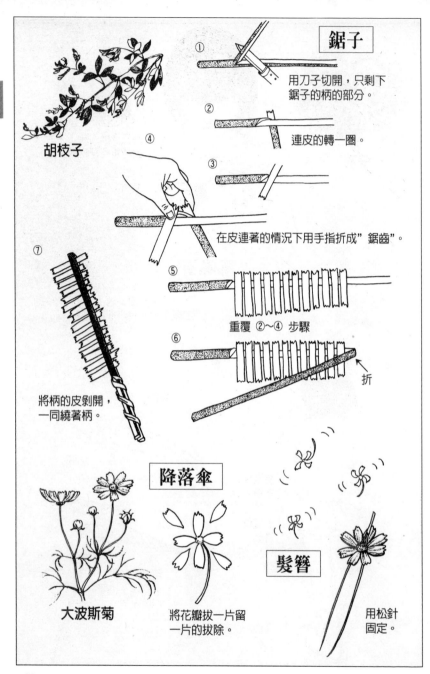

胡枝子

鋸子

① 用刀子切開，只剩下鋸子的柄的部分。

② 連皮的轉一圈。

③

④ 在皮連著的情況下用手指折成"鋸齒"。

⑤ 重覆 ②～④ 步驟

⑥ 折

⑦ 將柄的皮剝開，一同繞著柄。

降落傘

大波斯菊

將花瓣拔一片留一片的拔除。

髮簪

用松針固定。

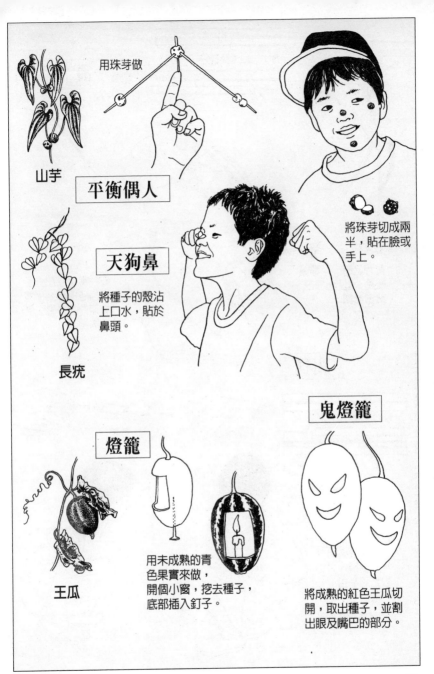

山芋

用珠芽做

平衡偶人

將珠芽切成兩半，貼在臉或手上。

天狗鼻

將種子的殼沾上口水，貼於鼻頭。

長疣

鬼燈籠

燈籠

王瓜

用未成熟的青色果實來做，開個小窗，挖去種子，底部插入釘子。

將成熟的紅色王瓜切開，取出種子，並割出眼及嘴巴的部分。

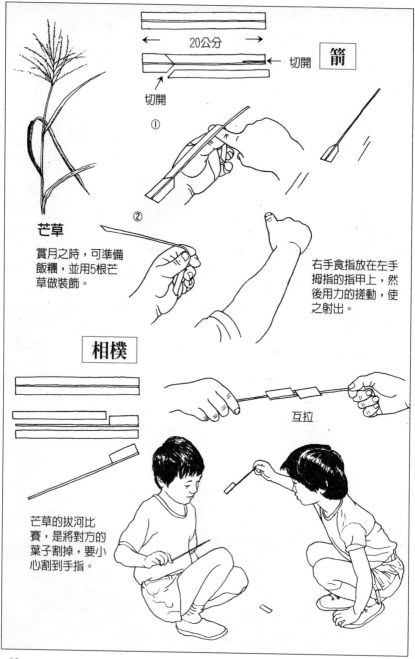

20公分

切開

切開

箭

①

②

芒草

賞月之時，可準備飯糰，並用5根芒草做裝飾。

右手食指放在左手拇指的指甲上，然後用力的搓動，使之射出。

相撲

互拉

芒草的拔河比賽，是將對方的葉子割掉，要小心割到手指。

46

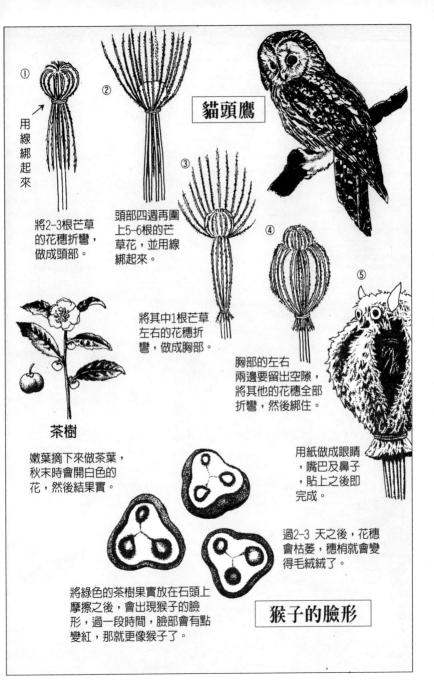

①

用線綁起來

將2-3根芒草的花穗折彎，做成頭部。

②

③ 頭部四週再圍上5-6根的芒草花，並用線綁起來。

貓頭鷹

④

將其中1根芒草左右的花穗折彎，做成胸部。

胸部的左右兩邊要留出空隙，將其他的花穗全部折彎，然後綁住。

⑤

用紙做成眼睛，嘴巴及鼻子，貼上之後即完成。

茶樹

嫩葉摘下來做茶葉，秋末時會開白色的花，然後結果實。

過2-3 天之後，花穗會枯萎，穗梢就會變得毛絨絨了。

將綠色的茶樹果實放在石頭上摩擦之後，會出現猴子的臉形，過一段時間，臉部會有點變紅，那就更像猴子了。

猴子的臉形

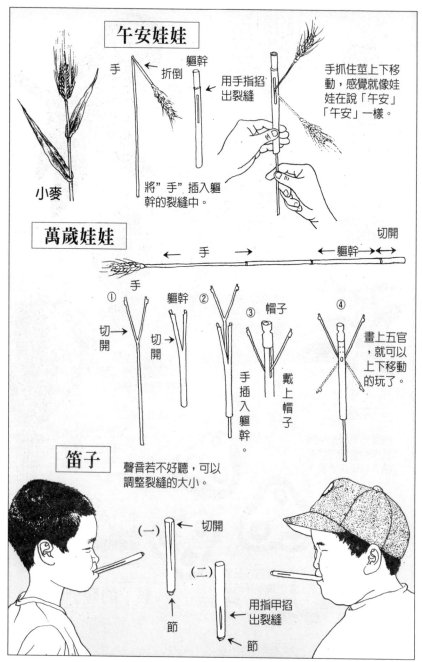

午安娃娃

手
折倒
軀幹
用手指掐出裂縫

小麥

將"手"插入軀幹的裂縫中。

手抓住莖上下移動，感覺就像娃娃在說「午安」「午安」一樣。

萬歲娃娃

切開

← 手 →
← 軀幹 →

① 手
軀幹
切開
切開

② 手插入軀幹。

③ 帽子
戴上帽子

④ 畫上五官，就可以上下移動的玩了。

笛子

聲音若不好聽，可以調整裂縫的大小。

(一)
切開
節

(二)
用指甲掐出裂縫
節

48

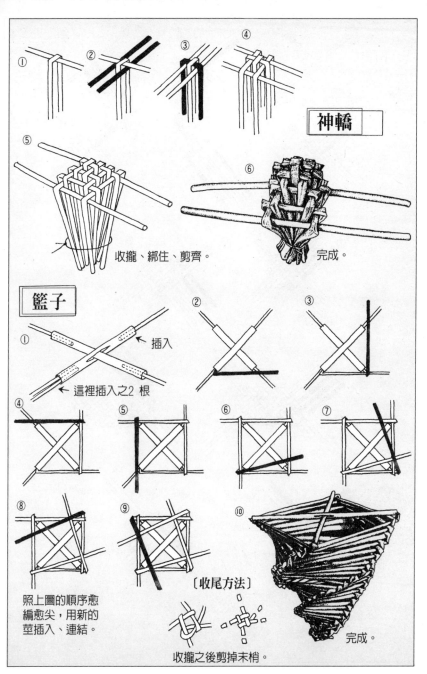

① ② ③ ④

神轎

⑤ 收攏、綁住、剪齊。

⑥ 完成。

籃子

① 插入
← 這裡插入之2根

② ③ ④ ⑤ ⑥ ⑦

⑧ ⑨

照上圖的順序愈編愈尖,用新的莖插入、連結。

〔收尾方法〕

收攏之後剪掉末梢。

⑩ 完成。

49

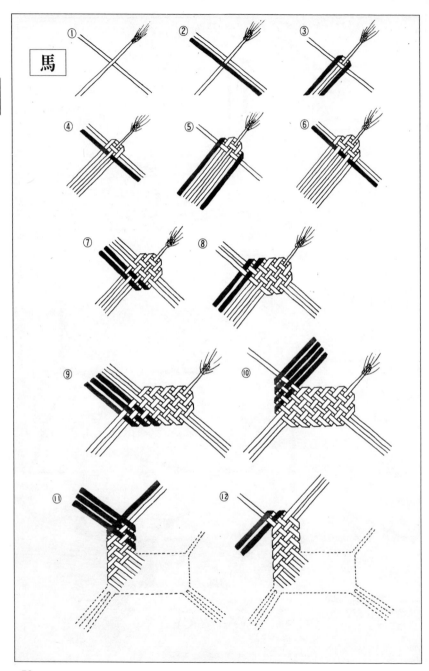

馬

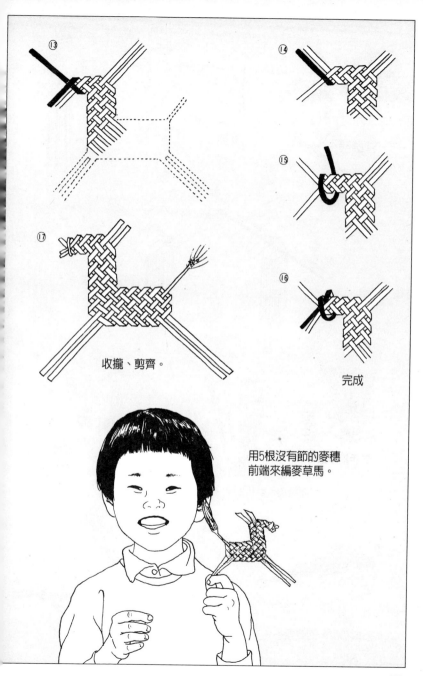

⑬

⑭

⑮

⑰

收攏、剪齊。

⑯

完成

用5根沒有節的麥穗
前端來編麥草馬。

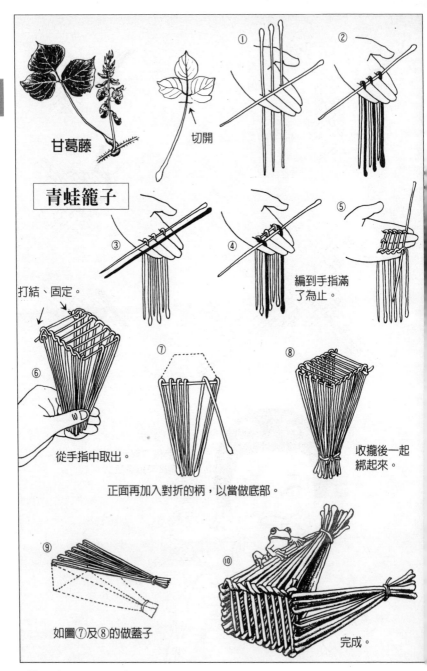

甘葛藤

切開

青蛙籠子

①

②

③

④

⑤ 編到手指滿了為止。

打結、固定。

⑥ 從手指中取出。

⑦

⑧ 收攏後一起綁起來。

正面再加入對折的柄，以當做底部。

⑨ 如圖⑦及⑧的做蓋子

⑩ 完成。

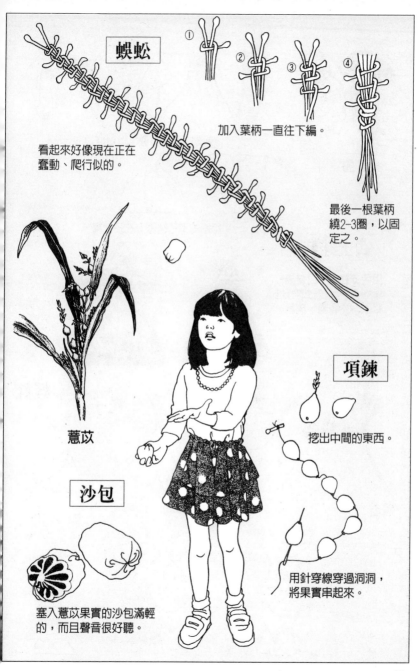

蜈蚣

① ② ③ ④

加入葉柄一直往下編。

看起來好像現在正在
蠢動、爬行似的。

最後一根葉柄
繞2-3圈，以固
定之。

薏苡

項鍊

挖出中間的東西。

沙包

用針穿線穿過洞洞，
將果實串起來。

塞入薏苡果實的沙包滿輕
的，而且聲音很好聽。

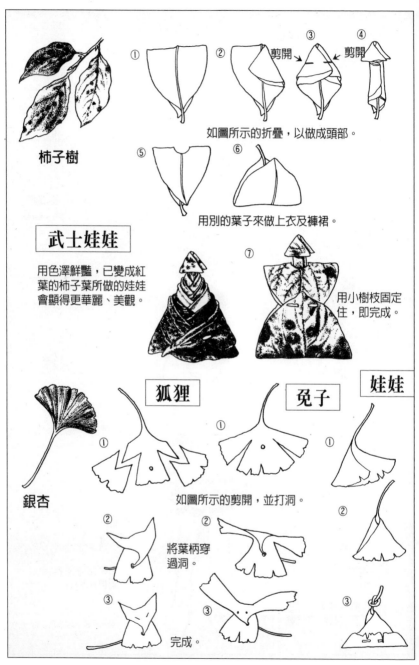

柿子樹

① ② ③ 剪開 ④ 剪開

如圖所示的折疊,以做成頭部。

⑤ ⑥

用別的葉子來做上衣及褲裙。

武士娃娃

用色澤鮮豔,已變成紅葉的柿子葉所做的娃娃會顯得更華麗、美觀。

⑦ 用小樹枝固定住,即完成。

銀杏

狐狸

①

兔子

①

娃娃

①

如圖所示的剪開,並打洞。

② 將葉柄穿過洞。

②

②

③ 完成。

③

③

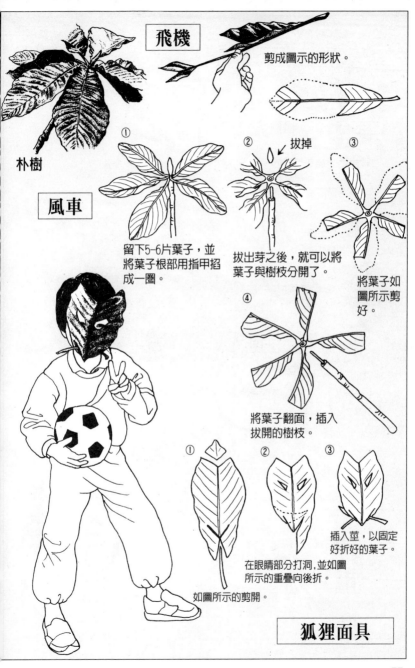

飛機

剪成圖示的形狀。

朴樹

風車

① 留下5-6片葉子，並將葉子根部用指甲掐成一圈。

② 拔掉 拔出芽之後，就可以將葉子與樹枝分開了。

③ 將葉子如圖所示剪好。

④ 將葉子翻面，插入拔開的樹枝。

① 如圖所示的剪開。

② 在眼睛部分打洞，並如圖所示的重量向後折。

③ 插入莖，以固定好折好的葉子。

狐狸面具

55

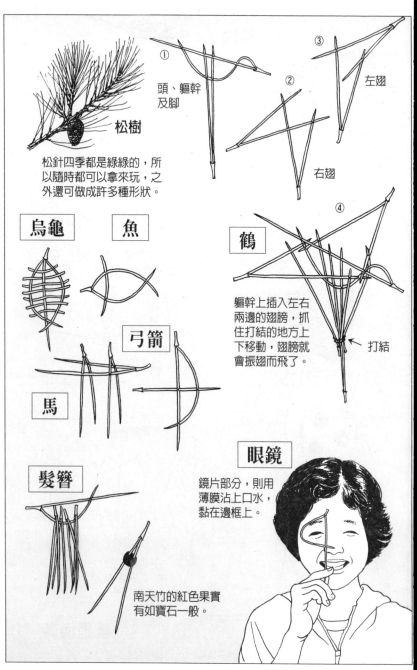

松樹

松針四季都是綠綠的，所以隨時都可以拿來玩，之外還可做成許多種形狀。

① 頭、軀幹及腳

②

③ 左翅

右翅

烏龜

魚

弓箭

馬

鶴

④

軀幹上插入左右兩邊的翅膀，抓住打結的地方上下移動，翅膀就會振翅而飛了。

← 打結

髮簪

眼鏡

鏡片部分，則用薄膜沾上口水，黏在邊框上。

南天竹的紅色果實有如寶石一般。

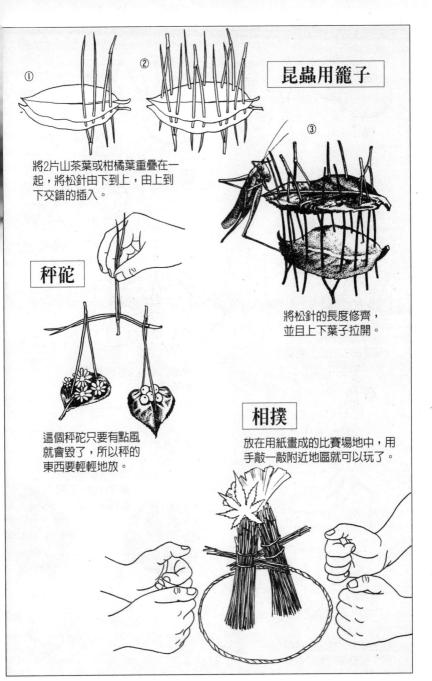

① ②

將2片山茶葉或柑橘葉重疊在一起，將松針由下到上，由上到下交錯的插入。

昆蟲用籠子

③

將松針的長度修齊，並且上下葉子拉開。

秤砣

這個秤砣只要有點風就會毀了，所以秤的東西要輕輕地放。

相撲

放在用紙畫成的比賽場地中，用手敲一敲附近地區就可以玩了。

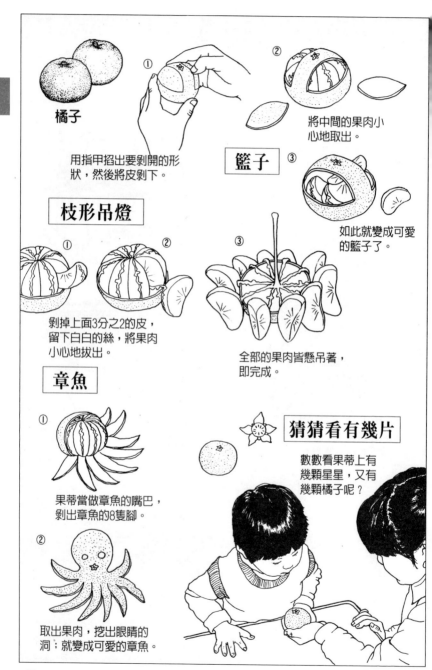

橘子

① 用指甲掐出要剝開的形狀，然後將皮剝下。

② 將中間的果肉小心地取出。

籃子

③ 如此就變成可愛的籃子了。

枝形吊燈

① ② 剝掉上面3分之2的皮，留下白白的絲，將果肉小心地拔出。

③ 全部的果肉皆懸吊著，即完成。

章魚

① 果蒂當做章魚的嘴巴，剝出章魚的8隻腳。

② 取出果肉，挖出眼睛的洞；就變成可愛的章魚。

猜猜看有幾片

數數看果蒂上有幾顆星星，又有幾顆橘子呢？

有關蟲草的文字遊戲

 鳥與昆蟲的歌

螢螢螢火蟲	雲雀　雲雀
那裏的水苦苦的	飛上天
這裏的水甜甜的	烏鴉　戳三郎
螢螢螢火蟲	西邊的山　已彩霞滿天
叭噠叭噠	快去　撒點水
叭噠叭噠	鳶鳥　山芋
織布織布	要烤小鳥了　所以趕快飛飛飛
蟋蟀　骨碌骨碌	軋軋軋　飛起來
刺痛肩膀　刺痛腳踝	變成一條帶狀
因為冬天來了	

 花或草的歌

筆頭菜與問荊	花或草的歌
秋分時節會開花結果	紫雲英啊紫雲英
筆頭菜是誰的孩子，	今年的紫雲英到處盛開
問荊的孩子	繞在手上　咻呼
蒲公英啊蒲公英	再繞一個　咻呼呼
梳好髮髻嫁過去	繞在耳上　咻呼呼
酸漿果啊酸漿果	再繞一個　咻呼呼
變紅　變成一片彩霞	

月或星的歌

小白兔啊小白兔　看到什麼	看到一顆星星
會跳走	希望變成億萬富翁
看到15日滿月會跳走	夕陽　夕陽
月亮姑娘　妳幾歲	希望明天好天氣
13歲	大雨一直下　希望趕快停
還很年輕喲	希望明晚下雨
看到第一顆星星	掃晴孃啊掃晴孃
看到第二顆星星	希望明天好天氣
看到第三顆星星	

野外遊戲

遊戲從猜拳開始

遊戲中，有些是由猜拳決定順序之後開始的。猜拳時，我們會聽到「剪刀、石頭、布！ 平手！啊不行　重來！」等聲音，這種喊聲有很多種，在大阪有"大阪拳"，他們會唱「大阪拳，　輸就是贏」，這是不正規的猜拳方式，也就如他們所唱的「輸就是贏」一樣，將一般的規則反過來。

猜拳不僅可以用手，還可以用臉"臉部拳"；用雙腳"腿部拳"，例如"臉部拳"，將整個臉皺在一起是石頭；突然將舌頭吐出是剪刀；將眼睛及嘴巴儘量張大是布。

就腿部拳而言，有首「剪刀、石頭、布」的歌。

「剪刀布　剪刀布　剪刀剪刀布　開開合　剪刀剪刀布　碰碰開」兩人面對面站著，在唱「碰碰開」時就做出動作，以決勝負。

也有只出石頭和布，分成石頭組及布組的猜拳方式。

另外，也可叫做"石頭拳"，剪刀是"GU"；石頭是"GI"，布是"PA"。"昆蟲拳"則比"石頭拳"更加古老，也可說是猜拳的始祖。

猜拳據說是傳自中國的"拳戲"，而後發展出來的遊戲。

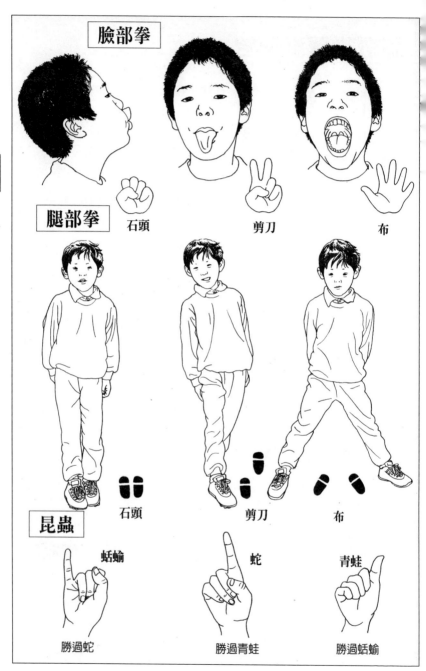

臉部拳

石頭　　　　　　剪刀　　　　　　布

腿部拳

石頭　　　　　　剪刀　　　　　　布

昆蟲

蚰蜒　　　　　　蛇　　　　　　青蛙

勝過蛇　　　　　勝過青蛙　　　　勝過蚰蜒

階梯拳

只能走猜贏時所出的拳數，最快上去下來一趟的人獲勝。

猜拳跳步的數步方法

棉 花 糖

可 樂 果 蠶 豆 酥

翹 鬍 子 洋 芋 片

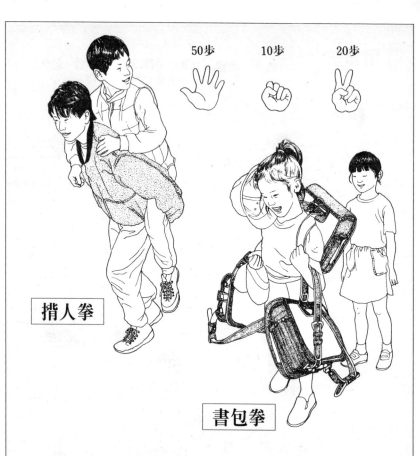

50步　　10步　　20步

揹人拳

書包拳

<玩法>和朋友一起走路時或是由學校回家途中與許多同學一起玩，猜拳猜輸的人要揹贏的人叫揹人拳，揹負所有同學的書包叫書包拳。最開始要先決定人數及玩法，像是規定三根電線桿的距離或揹到遇到騎腳踏車的人等等，有很多玩法。

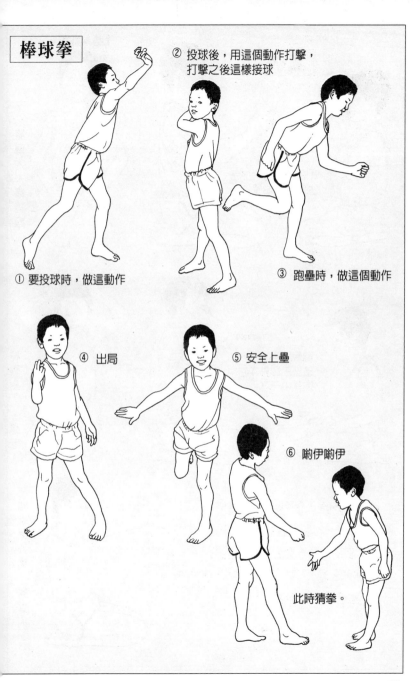

棒球拳

① 要投球時，做這動作

② 投球後，用這個動作打擊，打擊之後這樣接球

③ 跑壘時，做這個動作

④ 出局

⑤ 安全上壘

⑥ 喲伊喲伊

此時猜拳。

狐拳

嘴伊嘴伊嘴伊拉克
邊唱邊打拍子

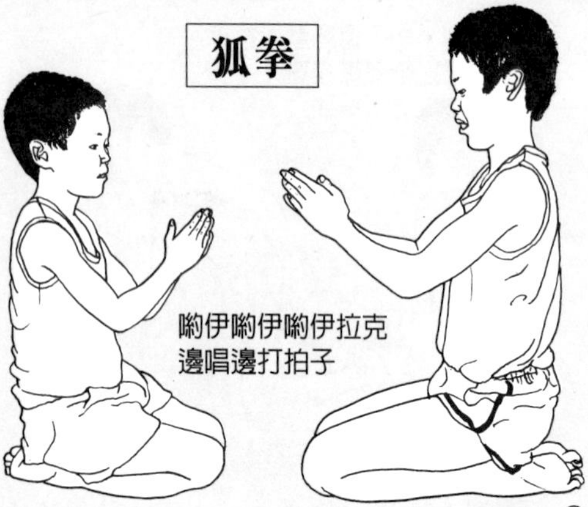

主人贏獵人，輸狐狸

①

嘴伊嘴伊嘴伊！
做出三個動作之中
的其中一個。

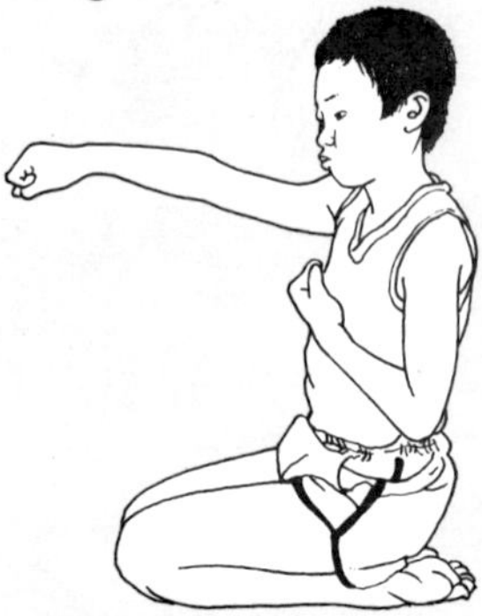

②

狐狸贏主人，輸獵人

<玩法>兩人面對面，一邊唱嘴
伊嘴伊，一邊打拍子。贏的時候
喊「狐」（贏一次之意）「狸」（
贏兩次之意）「拳」（贏三次之意
），連贏三次表示贏一回合。

獵人贏狐狸，輸獵人。

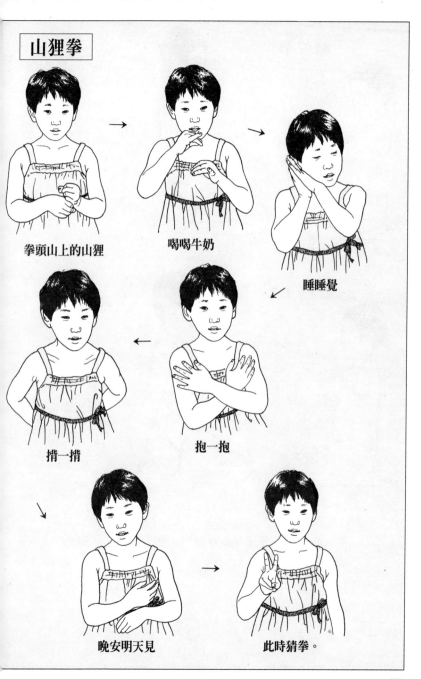

山狸拳

拳頭山上的山狸

喝喝牛奶

睡睡覺

揹一揹

抱一抱

晚安明天見

此時猜拳。

喊聲拳

① 首先,如平常般的猜拳。
② 勝負出現之時,手保持該姿勢不動。
③ 贏的人出聲,出下一拳。

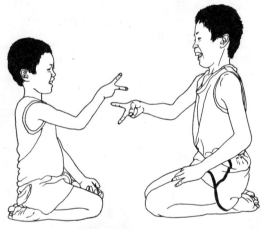

④ 贏的人可喊「出布!出布!剪刀!」

⑤ 此時,若順著喊聲出剪刀的話就輸了。
⑥ 若不被聲音牽引,出布的話,就換對方出聲,出下一拳。

<玩法>喊聲要儘量誤導對方,如大聲喊,或配合手的動作喊「出出出剪刀!」或「出石頭」「出布」以引誘對方上當。

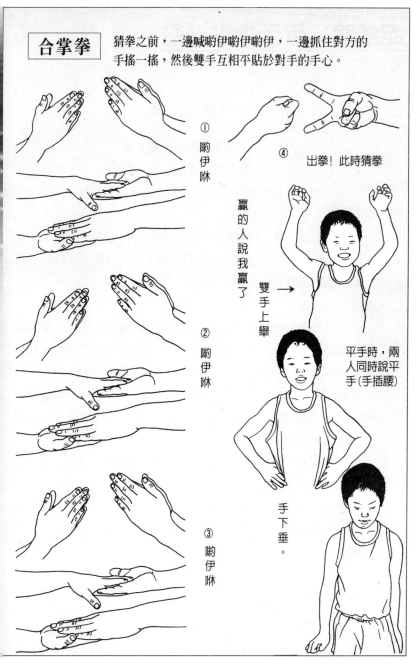

合掌拳

猜拳之前，一邊喊喲伊喲伊喲伊，一邊抓住對方的手搖一搖，然後雙手互相平貼於對手的手心。

① 喲伊咻

② 喲伊咻

③ 喲伊咻

④ 出拳！此時猜拳

贏的人說我贏了

雙手上舉 →

平手時，兩人同時說平手(手插腰)

手下垂。

捉迷藏　用手指點一點

捉迷藏　用手指點一點

捉迷藏　用手指點一點

不趕快的話要切斷手指囉！切斷手指囉！切斷了

　　不僅是捉迷藏，玩抓鬼，達陣遊戲等許多遊戲時，爲了呼朋引伴，都可以唱這首歌，且配合遊戲，也可以改唱「捉鬼遊戲用手指點一點」。

　　首先，第一個小孩將食指指向天空，呼喚朋友來玩，要回答呼喚時，握住第一個小孩的食指，然後伸出自己的食指，如此參加玩遊戲的小手指就會愈搭愈高，有連接手指的小孩才可以玩遊戲，當集結一定人數之後，就可以唱「不趕快的話要切斷手指囉　切斷手指囉」，唱戲「切斷了」時，則將手指分開，開始準備玩遊戲。

　　接下來是"當鬼的人"在做捉迷藏的猜拳時，可喊「看誰當鬼」，因人數多想分成兩組時，或想早點決定誰當鬼時，可以不必全部聚集在一起猜拳，只要分成2個人2個人，彼此雙手相對，喊"哆"，最後輸的人就當鬼，若欲分成兩組的話，則分成贏的人一組，輸的人一組。

紅綠燈停

　　<玩法>遊戲場地不是很大時候，最適合玩這種遊戲
　，首先，選一個人當鬼，其他的人蹲下，鬼不可以抓
　蹲的人，站起來或跑動的人才可以抓，若快要被抓到
　時，可以趕快蹲下來，可以在蹲的姿勢下移動。

踩影子

　　<玩法>只能在天氣好的時候才能玩。它就是踩著映在地上人影的遊戲，決定誰當鬼之後，其他人要趕快跑，不要被踩到影子，快要被踩到時，可以蹲下來，以縮短影子，或是將自己影子藏在房子或樹的影子之中，被踩到一點點就得要當鬼。

矇眼抓人

<玩法>用手巾矇住眼睛的鬼，要用手摸索，抓到其他的人，其他的人可以打拍子，喊「這裡這裡，往有拍手聲音的地方」，可以活動的範圍不要太大，要先決定好範圍。被抓到的人要當鬼。

爬樹捉迷藏

<玩法>也不一要爬樹，只要雙腳離地，不被鬼抓到就可以了，爬到樹上時，鬼要離他 1 公尺以上，還可以自訂規則，例如只要比地面還高，爬上樹輪胎，空箱子，石階等就不可以抓等。

傳染病

　　<玩法>第一個當鬼的人手放在頭上，然後開始追其
他的人，被摸到的人要當鬼，且要用一隻手壓著被摸
到的部分，然後去抓別人。

藏鞋子遊戲

<玩法>就像捉迷藏一樣，在鬼沒有看到時候，將自己鞋子的其中一隻藏起來，然後鬼要來找這些鞋子，找到時，還必須說出這是誰鞋子，鬼在找鞋子的時候，鞋子還沒被發現的人，可從藏鞋子的地方，將鞋子拿出來（兩腳穿好），然後靠近鬼說「出局」，那遊戲就要從頭再來一次了。

聯手抓人遊戲

<玩法>首先，決定一個人當鬼，其他的人跑開，被
鬼摸到的人，要立即與鬼牽手，然後一起去追別的人
，鬼超過四人的話，可分成兩組來追。所謂「圍圈抓
人遊戲」是被抓到的人不可以分開，必須手手相連，
一起追，一起圍住沒被抓的人。

踢罐子遊戲

＜玩法＞廣場中央放一個空罐子，其周圍畫一個圓圈圈，決定當鬼的人之後，由另一個人先將罐子踢出去。在鬼將罐子踢回圓圈的途中，其他的人要躲起來，當鬼找到躲起來的人時，要喊那個人的名子，並踩罐子，在鬼踩到罐子之前，被發現的人或其他的人，若將罐子踢的遠遠的話，遊戲就又重新開始了。

猜拳抓鬼遊戲

<玩法>決定場地大小之後,全員一起散開,當鬼的人做出停止的動作時,其他的人必須保持剛才的姿勢不動。當鬼的人選擇離自己最近的人猜拳,贏的話才可以跳過去抓人,鬼與被選到的人,可猜 3次拳,在鬼跳時候,其他的人可以自由移動。

當鬼的人若三次都猜輸的話,需從頭開始。

老鷹抓小雞

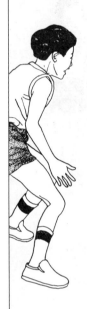

抓小雞　抓小雞
我要抓小雞
你要抓哪隻小雞　(母雞)
我要抓那隻小雞　(老鷹)
那隻小雞不能抓　(母雞)
我要抓那隻小雞　(老鷹)

<玩法>人當母雞，其後排一行小雞，老鷹要抓最後面的人，而母雞要雙手張開，防止老鷹抓到小雞，不可以抓著老鷹的衣服或身體，整個就像蛇一般的蜿蜒，轉來轉去，小雞被抓的話，母雞就要當鬼，老鷹則變成小雞，接在最後面。

丟球抓人遊戲

　　<玩法>拋入空中的球回彈三次之後，大家搶著接球
，然後接到的人拿球打其他的人，連續 3次被打到的
人，就要接受別人的處罰遊戲。另外一種丟球的遊戲
是把球向上拋的人叫其他一個人名字，則除此之外的
人就要趕快跑開，被叫到的人接到落下來的球之後，
其他的人要停止移動，而他可以跳三步，用球打要打
的人。

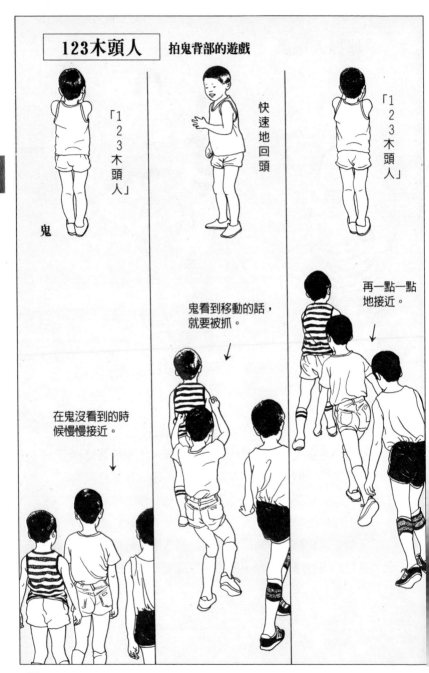

123木頭人　拍鬼背部的遊戲

「123木頭人」

鬼

快速地回頭

「123木頭人」

鬼看到移動的話，就要被抓。↓

再一點一點地接近。↓

在鬼沒看到的時候慢慢接近。↓

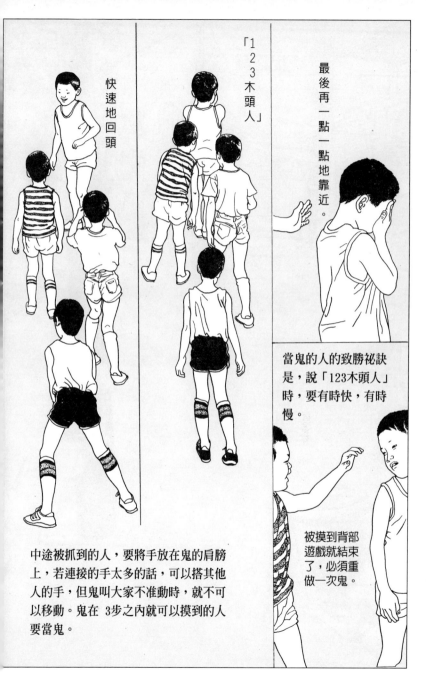

快速地回頭

「123木頭人」

最後再一點一點地靠近。

當鬼的人的致勝祕訣是，說「123木頭人」時，要有時快，有時慢。

被摸到背部遊戲就結束了，必須重做一次鬼。

中途被抓到的人，要將手放在鬼的肩膀上，若連接的手太多的話，可以搭其他人的手，但鬼叫大家不准動時，就不可以移動。鬼在 3步之內就可以摸到的人要當鬼。

捉迷藏

「好了沒」

「還沒」

「還沒」

<玩法>大家一起齊聲說「好了」的時候，
鬼就要去找出所有躲起來的人。

圍圓圈的抓鬼遊戲

雖說是"捉迷藏",但有很多種類,之外還有"抓鬼遊戲"例如"矇眼猜人"或"繞圈猜人"等遊戲,"捉迷藏"基本上就是互相追逐的遊戲,而相對於此"抓鬼遊戲"似乎是由以前的宗教性舞蹈或宗教上隆重的儀典演變成小孩子的遊戲。

抓鬼歌

「冒泡泡了 煮開了 熟了沒 吃吃看」　　　（大家）

「還沒熟」　　　　　　　　　　　　　　　　（鬼）

「冒泡泡了 煮開了 熟了沒 吃吃看」　　　（大家）

「還沒熟」　　　　　　　　　　　　　　　　（鬼）

「冒泡泡了 煮開了 熟了沒 吃吃看」　　　（大家）

「煮熟了」　　　　　　　　　　　　　　　　（鬼）

「放在櫥櫃吧!
　洗洗澡　洗澎澎
　回家吃碗紅豆湯吧!　呷呷呷
　餿掉了　倒掉吧!
　那麼睡覺吧!　咕咕咕」　　　　　　　　（大家）

「咚咚咚」　　　　　　　　　　　　　　　　（鬼）

「那是什麼聲音?」　　　　　　　　　　　　（大家）

「風的聲音　咚咚咚」　　　　　　　　　　　（鬼）

「這次又是什麼聲音?」　　　　　　　　　　（大家）

「是鬼的聲音」　　　　　　　　　　　　　　（鬼）

「好恐佈　趕快逃」　　　　　　　　　　　　（大家快逃）

今年的牡丹很漂亮

今年的牡很漂亮

現在把你捆包起來　咻碰碰

再把另一隻捆包起來　咻碰碰

「請進」	(鬼)
「不要」	(大家)
「為什麼？」	(鬼)
「不為什麼」	(大家)
「我要帶你們去海邊」	(鬼)
「海龍王會出現　不要」	(大家)
「那帶你們去上山」	(鬼)
「山神會出現　不要」	(大家)
「那下次經過我家門前我就用扁擔打人喔!」	(鬼)
「那我們就進去好了」	(大家)

今年的牡很漂亮

現在把你捆包起來　咻碰碰

再把另一隻捆包起來　咻碰碰

「我要回家了」	鬼)
「為什麼？」	(大家)
「午餐時間到了」	(鬼)
「午餐吃什麼？」	(大家)
「蛇和青蛙」	(鬼)
「吃活的的還是死的？」	(大家)
「活的」	(鬼)
「那麼　再見」	(大家)
「誰的後面有蛇」	(大家)
「我？」	(鬼)
「不　誰的後面有蛇」	(大家)
「我？」	(鬼)
「誰的後面有蛇」	(大家)
「我？」	(鬼)
「對，哇!」	(大家快逃)

雷公先生

<玩法>大家圍成圓圈坐下，中間坐雷公先生，雷公先生說「轟隆轟隆」時，小東西（彈珠、小石頭、鈕扣等）互相傳到他人的手中，當雷公先生喊「咚」的時候，動作必須停止，然後雷公先生猜小東西在誰的手中。手中沒有拿東西，也可以假裝有拿東西的傳來傳去，以瞞騙雷公先生。

大風吹

準備比參加人數少一把的椅子，然後大家繞著椅子走，當「停止」時，大家趕快搶位子坐，沒坐到椅子的人淘汰。

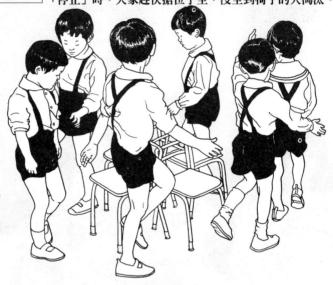

椅子一個一個減少，最後剩下兩個人搶1個位子。

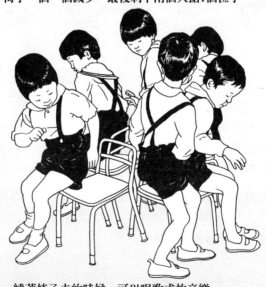

繞著椅子走的時候，可以唱歌或放音樂。

貓抓老鼠

<玩法>先選出貓及老鼠，做開始的手勢之後，貓要
鑽進鑽出圓圈來抓老鼠，圍成圓圈的人要幫助老鼠躲
開貓，雙手上昇、下壓，圓圈縮小，以阻止貓抓到老
鼠。

貓

老鼠

繞圈抓人遊戲

大家圍成圈圈，面對中心蹲下，當鬼的人在外圍跑，抓在逃跑的人，往左、往右跑都可以。

鬼 →

孩子 →

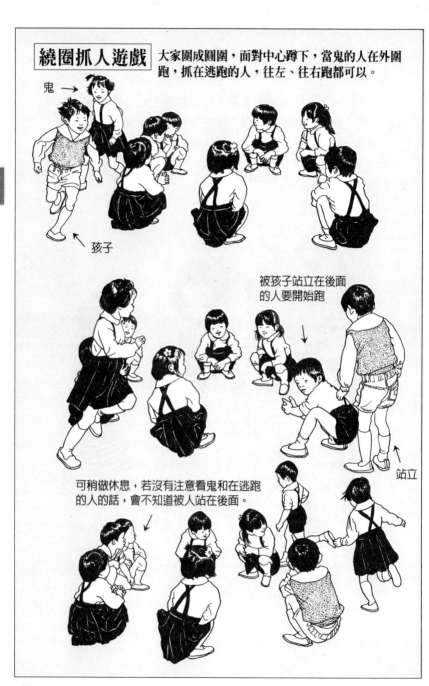

被孩子站立在後面的人要開始跑

↓

站立 ↑

可稍做休息，若沒有注意看鬼和在逃跑的人的話，會不知道被人站在後面。

單腳跳遊戲

鬼

<玩法>鬼站在中間,其他的人繞著圓圈單腳跳,趁鬼沒看到的時候可以換腳跳,跳比較慢的人可以超過他,被發現換腳的人,必須脫一雙鞋子。鬼的後方是死角,是換腳的好時機。

魚鳥木遊戲

鬼站在圓圈的中間，問「要不要說出魚鳥木的名稱？」大家便回合答「要說！要說！」，然後重覆此次。

當鬼說「魚！」手指指向某人時，那個人就必須立刻說出魚的名稱。

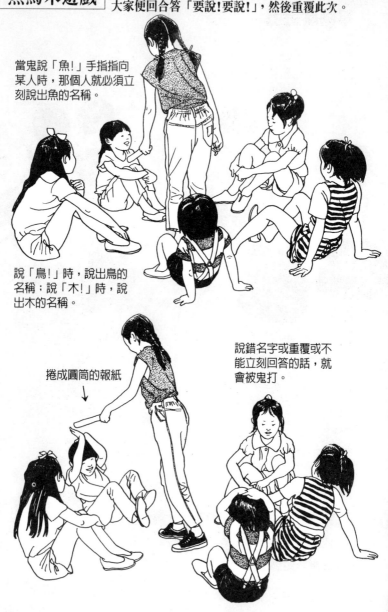

說「鳥！」時，說出鳥的名稱；說「木！」時，說出木的名稱。

捲成圓筒的報紙
↓

說錯名字或重覆或不能立刻回答的話，就會被鬼打。

揀手拍遊戲

<玩法>圍成圓圈蹲下來，當鬼的人拿著手帕，在圈外繞，在繞圈的途中，將手帕愉愉地放在某一個人的背後，察覺被放手帕的人，將手帕拿起來，然後當鬼，開始繞圈，鬼繞了圈若還沒發現被放手帕的話，就拍拍背，被拍到的人，就當下一次的鬼。

做動作遊戲

私下先決定誰當母鳥，並且不讓鬼知道。

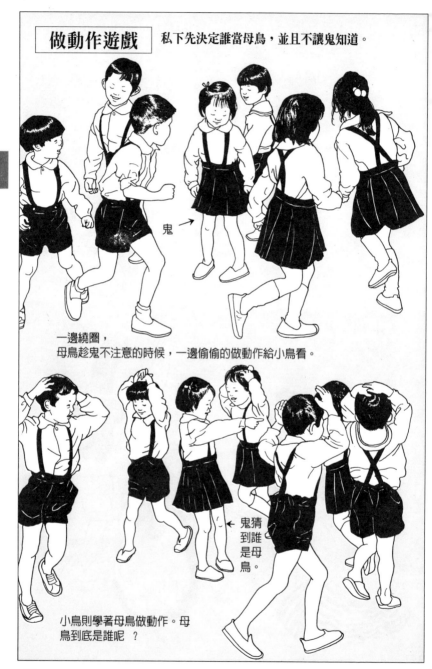

鬼 →

一邊繞圈，
母鳥趁鬼不注意的時候，一邊偷偷的做動作給小鳥看。

鬼猜到誰是母鳥。

小鳥則學著母鳥做動作。母鳥到底是誰呢 ？

矇眼猜人遊戲

<玩法>鬼要矇住眼睛，蹲在圓圈的中間，其他人則
手牽圍成圓圈，一邊唱"小和尚啊小和尚你要去哪裏
/我要去田中割草/也帶我一起去好不好/你去了會更
礙事/這個小氣和尚臭和尚/你後面的人是誰"一邊繞
圈，在唱戲"這個小氣和尚臭和尚"時，大家輕輕地
碰一下鬼的頭，然後唱"你後面的人是誰"時，停止
不動。鬼要矇著眼，猜在自己後面的人的名字，被猜
中的人要當鬼。

繞圈猜人遊戲

繞 圈 猜 人

猜猜我是誰
籠中的鳥兒
何時飛走了
破曉之時
鶴與龜滑一跤
你後面的人是誰

<玩法>手牽手圍成圓圈，鬼用手矇住眼睛，蹲在圓圈中間，一邊唱歐，一邊繞圈圈，唱至"滑一跤"時，全部的人一起蹲下，唱"你後面的人是誰"時，鬼要猜出那個人的名字，猜中的話，那個人要當鬼。

高壓電遊戲

<玩法>鬼蹲在正中間，其他圍成圓圈的人在背部後彼此手牽手(雙手)，突然握緊，表示電流正流到此處，被握緊的人要將電流傳向下一個人，當鬼的人，就要猜是誰正好被電到。

若要改變電流方向，喊一聲"嗶"，然後換手握，電流就會反向而行了。

城門城門雞蛋糕

<玩法>先找兩個人用雙手搭城門，其他的人則一邊唱歌，一邊鑽過城門。大家就開始一邊鑽過城門，一邊唱"城門城門雞蛋糕，三十六把刀，騎白馬，帶把刀，走進城門滑一跤"唱到最後時，城門要放下來捉小孩，被捉到的小孩就出局了。

花拳繡腿

分成兩組，彼此手牽手橫排成兩列，猜拳贏的人先唱

○「贏了真高興」前進三步，腳抬起來，唱「花拳繡腿」往後退三步。

●「輸了真可惜，花拳繡腿」「赤阪花拳繡腿」
○

●「故鄉花拳繡腿」

○「我們要那個小孩」

●「那個小孩不可以」

○「我們要這個小孩」

●「這個小孩不可以」

○●「再討論看看」

討論之後再決定

○「我們要A小孩」

●「我們要B小孩」

A小孩和B小孩出來猜拳。

輸的小孩要歸入贏的那一組。

遊戲可以一直比下去，即使其一組只剩一個人也可以繼續比賽，當最後一個人猜拳輸了，遊戲就結束了。

花 拳 繡 腿

贏了真高興　花拳繡腿
輸了真可惜
隔壁的老婆婆　有時也過來坐坐
鬼很可怕　不要去
頭戴鍋子　有時也過來坐坐
鍋底破了　不要去
披上被單　有時也過來坐坐
被單熱呼呼　不要去
那你們要哪個小孩
我要那個小孩　那個小孩不可以
我要這個小孩　這個小孩不可以
再討論看看吧
　　　　　★
我們要A小孩　我們要B小孩
剪刀　石頭　布

神祕的超能力　猜猜這是什麼

會？　不會？　知道？　不知道？

　　這是 3-8個人的遊戲，我不用敘述性說明這是什麼遊戲，直接用A、B、C 3人來舉例說明。

A 我們來玩猜東西。

B 嗯，猜東西啊呀！就我們兩個可以嗎？

C 雖然我不太知道，但我也要玩。

A 那我當超能力的人，B當司儀。

B 好，那A請先到別的房間（A離開。）

B 請< C >用手指房間中的一樣東西，並在心中默念。

C 那麼就這個杯子吧！

B 杯子嘛！那麼請在心中默念。請A進來。　（A進來）

B C 心中想的是什麼東西，請猜猜C的心。

A 好。（集中念力）

B （手指椅子）。C心中想的是這個嗎？

A不是。

B 那麼是這個（手指牆壁上的畫）嗎？

A 不是。

B 那麼是這個（手指黑色的電話）嗎？

A 不是。

B 那麼是這個（手指杯子）嗎？

A 有感應了，C 的心中是在想杯子吧！

C 哇！答對了。

　　懂了嗎？不懂的人請再看一次。

請先想一下這個遊戲的名稱。是猜東西，也就是猜別人心中所指的東西。這個猜東西遊戲是A與B組成的遊戲，若用敘述性文字說明的話；似乎很麻煩，實際上做一遍就會覺得很清楚、簡單了。

陣地遊戲開始囉！

大聲地喊"擠香油被推倒不准哭！"用力的搏倒對方，這樣的遊戲，即使在冬天也會流汗，"陣地遊戲"包括了"擠香油"，"相撲"、"捉迷藏"等遊戲，"擠香油"所需的力道，"相撲"所需的技巧；"捉迷藏"所需的速度感；及遊戲規則中所需的團隊精神，正是"陣地遊戲"的樂趣所在。

這個遊戲需要彼此身體互相推拉，或許比較會受男孩子的喜愛，對於女孩子，或個子矮小的人可能就不怎麼有興趣，但未必個子高大人力氣就大，而且勝負的關鍵在於能否解讀對方的動作習性，迅速做出判斷，並加以反擊，所以還是可以讓身材嬌小或女孩子玩得很開心的。

"陣地遊戲"需要校園、運動場、原野等規模較大的場地，當然，只要下點工夫，在庭院也可以玩。配合人數與身材來改變圓圈的大小，且可以使身材高大的人讓身材矮小的人幾步，使身材矮小的人可以一同玩樂。

像這樣可以隨著當時情況自由改變規則，是"遊戲"好玩的原因之一，這點便與必須遵守一定規則的運動有很大的差異。

大家可以提出使"陣地遊戲"更好玩的各種意見，然後訂定出適當的遊戲規則，大家同心協力，盡情的玩那項遊戲。

一邊做遊戲，一邊還可增加自己的思考能力，判斷能力，訓練自己的反應，並使思考更加多元化。若只是在家中玩電動玩具，或做塑膠模型的話，說它是另一種型式的唸書也不為過吧！

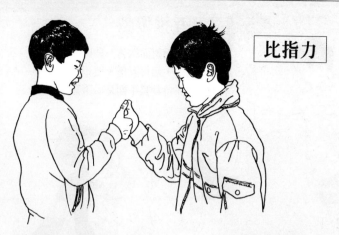

比指力

將彼此4隻手指勾起來，動
一動拇指，用力壓對方的拇
指，若能持續壓對方的拇指
5秒鐘的話就算贏了。

比腕力

手肘置於桌面，雙手互握，用力壓倒
對方，若能將對方的手背壓到桌面上
的話，就算贏了，手肘離開桌面或移
動的話，就算輸了。

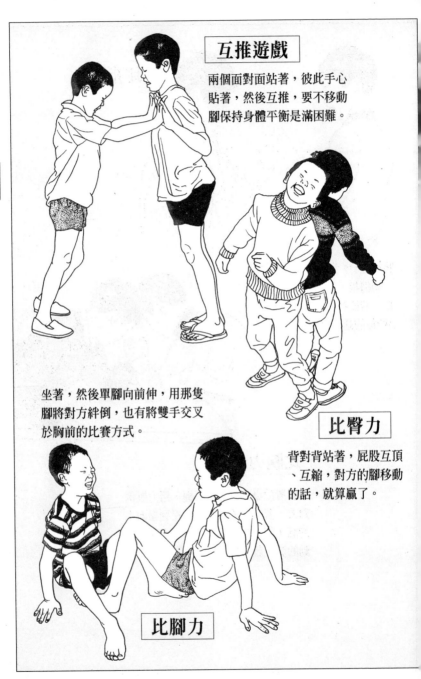

互推遊戲

兩個面對面站著，彼此手心貼著，然後互推，要不移動腳保持身體平衡是滿困難。

坐著，然後單腳向前伸，用那隻腳將對方絆倒，也有將雙手交叉於胸前的比賽方式。

比臀力

背對背站著，屁股互頂、互縮，對方的腳移動的話，就算贏了。

比腳力

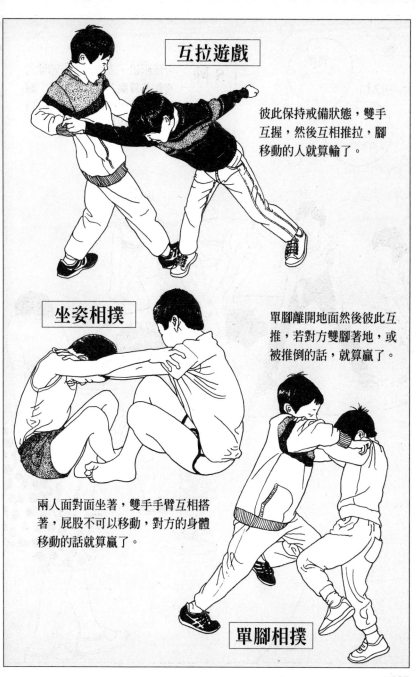

互拉遊戲

彼此保持戒備狀態，雙手互握，然後互相推拉，腳移動的人就算輸了。

坐姿相撲

單腳離開地面然後彼此互推，若對方雙腳著地，或被推倒的話，就算贏了。

兩人面對面坐著，雙手手臂互相搭著，屁股不可以移動，對方的身體移動的話就算贏了。

單腳相撲

島

寶物

出入口

出入口

寶物

S 陣

分成兩組，先取得對方陣地的寶物就算贏了。在"攻陣"喊聲中，彼此派出人馬由出入口出發，攻佔對方的陣地。

在陣地之外需單腳
跳前進。

在陣地及島中可以
雙腳著地。

在外面跌倒的
話，就得出局。

手摸到圓圈之外，就出局。

腳踏到圓圈之外的話，就出局。

集體摔角遊戲

　　畫個大圓，然後大家在圓圈內，如擠香油般的互相推拉較勁，可以多個人對一個人，超出線外的人就要出局，若採個人戰的話，最後剩下的那個人就獲勝；若採團體戰話，對方人全部被推出的話，就算獲勝。

攻陣遊戲

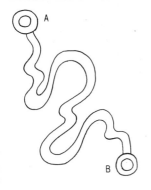

A與B之間畫出一條路，預備！出發！，雙方開始往對方陣跑，在途中相遇之時，便開始作戰，超出路外的人就立刻出局，若趕快跑回自己的陣地的話，可以重新再來一次，先攻到敵陣的一方就算獲勝。

尋寶遊戲

A為探險隊，B海盜隊，預備！出發！A由入口往B陣地進攻，以取得寶物，被推出去，或拉進去的話，就立刻出局，若摸到寶物，遊戲就算結束了。

相撲攻陣尋寶遊戲

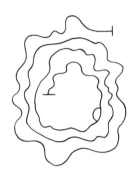

分成攻佔與防守兩組，攻佔隊若取得寶物的話，就算贏了，攻佔隊與防守隊兩組可以互換，到最後才看誰勝誰負。可將道路畫寬畫窄，形成安全地帶及危險地帶，以增加遊戲的刺激性。

攻防遊戲

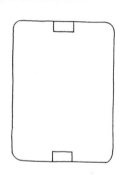

分成兩組，摸到對方寶物的人數較多的那一隊就算獲勝，在途中遇到敵人話，互相推拉，以決勝負，輸的人就得出局，當然，超出線外的人也要出局。

水雷艦長

○ A陣地

○ B陣地

<玩法>將人分成兩組，人數要一樣多，雙方各自去虜獲敵方艦長，各隊皆有一個艦長，剩下的為驅逐艦及水雷兵，驅逐艦與水雷兵不一定要剛好各一半，可依自己的作戰策略加以斟酌。

若被敵艦的人碰到話，那個人就成為俘虜，必須被帶到敵艦中，但若被己隊搭救的話，就可再次復活。

艦長（1人）
帽子朝正前方。

○贏驅逐艦。
●輸水雷。

驅逐艦（2-3人）
帽子歪向側邊。

○贏水雷。
●輸艦長。

水雷（2-3人）
帽子朝正後方。

○贏艦長。
●輸驅逐艦。

②若自己隊的人前來搭救的話，俘虜就可以復活。

①被碰到的話，就要被帶入俘虜收容所。

③若雙方水雷或驅逐艦相遇的話，要用猜拳的方式決勝負，輸的人要蹲在地上，大聲地由 1數到10，若連輸兩次的話，就要抓去當俘虜了。

④在抓俘虜回陣地的途中，不可以對其他敵人進攻。

騎馬打戰

　　＜玩法＞4個人一組，愈多組愈好玩，各組由3個人做馬，馬的部分是一個人在前面，兩個人在後面，彼此手搭手而成的，跨在馬上的人就要負責作戰，將對方擊落的話就贏，而最後剩下的那一組就是冠軍，除了互相擊落的方式之外，還有分成紅白兩隊，然後互相取得方帽子、頭巾的玩法。

多種身體遊戲的歌

擠香油

擠香油
被推倒了不准哭
壓太大力的話
餡兒會跑出來喔！
餡兒跑出來的話，我就要拿來吃喔！

五根手指

五根手指吵架了　　（小指）
藥局的人不吵了　　（無名指）
這樣好像不太好　（中指）
人人看了　笑呵呵　（食指）
媽媽看了　氣呼呼　（拇指）

一隻烏鴉

一隻烏鴉　軋軋叫
兩隻公雞　咯咯叫
三是魚兒　跳跳跳
四是白髮　老爺爺
五是領到五項獎
六是快禿的禿頭
七是可愛的七五三節
八是海濱的小白兔
九是怕黑的膽小鬼
十是貴族騎馬

阿媽等一下

等一下　　（剪刀）
阿媽　　　（布）
飯糰　　　（石頭）
給我　　　（剪刀）
包在紙中　（布）
飯糰　　　（石頭）
給我　　　（剪刀）
剪刀　石頭　布

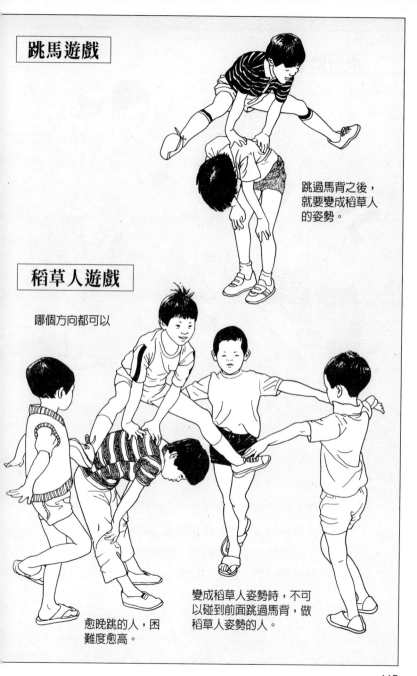

跳馬遊戲

跳過馬背之後，
就要變成稻草人
的姿勢。

稻草人遊戲

哪個方向都可以

愈晚跳的人，困
難度愈高。

變成稻草人姿勢時，不可
以碰到前面跳過馬背，做
稻草人姿勢的人。

燈台跳遊戲

<玩法>跳過馬背，雙腳著地的同時，要向前跳一步，然後單腳站立，雙手在頭頂上合掌，下一個人跳過之後，要拍前一個人的肩膀，被拍的人要向前跳一步，一個接著一個，變成一列燈台。

騎馬猜拳遊戲

<玩法>分成人數相同的二組,用猜拳決定誰是長馬
組,誰是騎馬組。長馬組的其中一個人站著,其他人
則將頸部放在前面一個人的兩腳之間,長馬組好了之
後,騎馬組人由後面一個一個的騎上去,全部的人都
就緒之後,站著的人要與騎馬隊最前面的那個人猜拳
,贏的人要變成長馬組,若中途有人落下馬背的話,
就要變成長馬組,若馬散開的話,就要重新再來一次
。

踢馬遊戲

<玩法>猜拳決定做馬的頭及身體的三人，最輸的人要當身體，其他的人當騎馬的人，因爲這是隻野馬，所以要趁它沒有亂踢、亂動時騎上去，當馬頭的人也可以只有一個。

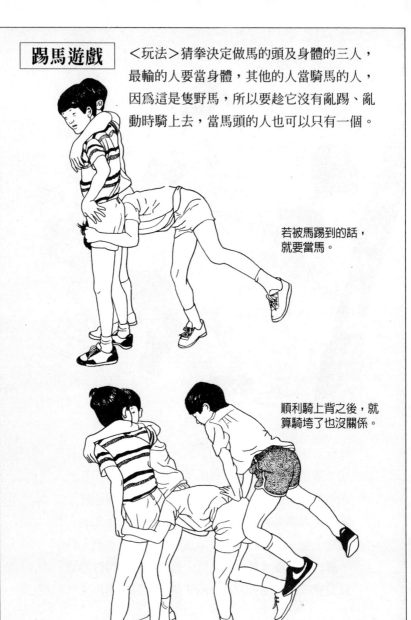

若被馬踢到的話，就要當馬。

順利騎上背之後，就算騎垮了也沒關係。

矇眼猜人遊戲

<玩法>二人一組，騎馬的人要拉住矇眼的人的耳朵，當馬的人要按著一定的路線走，然後再回到起點。騎馬的人不可以說出路線的方向。中途設有路障，會更增加其困難度及趣味性。

打手背遊戲 〔處罰遊戲〕

可用猜拳決定順序

最下面的是打手背的人，
然後依序疊上去，最上面
的是最輸的人。

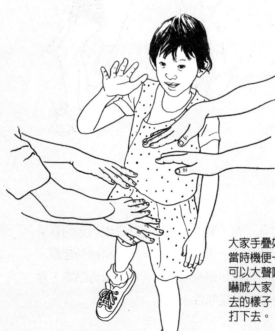

可以連續打，
直到沒有打到
人為止。

大家手疊好之後，找個適
當時機便一巴掌打下去。
可以大聲喊"要打囉!"來
嚇唬大家，或假裝要打下
去的樣子，算準了時間再
打下去。

剁豬肉遊戲 〔處罰遊戲〕

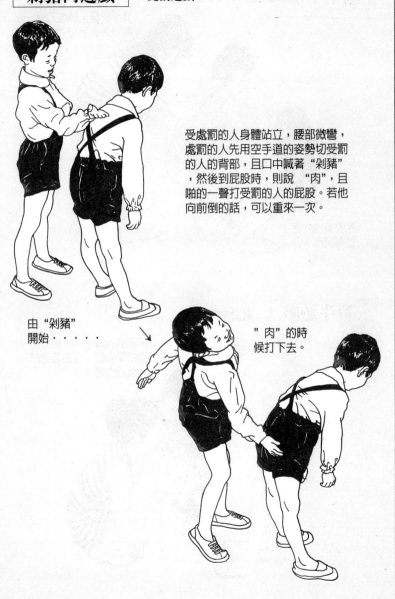

受處罰的人身體站立，腰部微彎，
處罰的人先用空手道的姿勢切受罰
的人的背部，且口中喊著 "剁豬"
，然後到屁股時，則說 "肉"，且
啪的一聲打受罰的人的屁股。若他
向前倒的話，可以重來一次。

由 "剁豬"
開始‥‥‥

"肉" 的時
候打下去。

刨子 〔處罰遊戲〕

雙手交疊，做成刀狀，由背部上往下方"刨"。

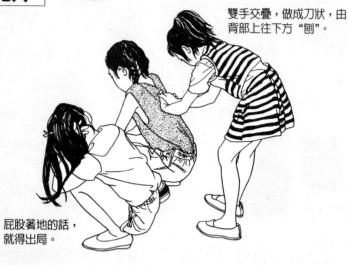

屁股著地的話，就得出局。

殺牛遊戲 〔處罰遊戲〕

全部的人蹲下，一個人用食指點前額，屁股著地的人就得出局。

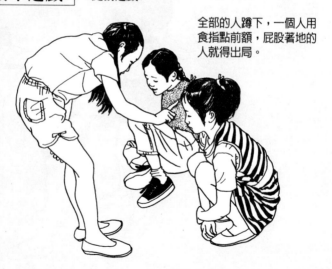

比跳躍性的遊戲 跳繩 跳橡皮筋

　　只要一根繩子，就能玩出許多種"繩子遊戲"，只要2個人，就可以玩"拉繩遊戲"，許多人在一起，就可以玩"跳繩遊戲"（兩個人分別抓住繩子的兩端，如在爬行般的打出波浪，其他的人則避免繩子碰到腳的跳來跳去）或"繞繩遊戲"。

　　雖然還有許多種繩子的玩法，但最具代表性的還是"跳繩"，"跳繩"可以是一個人、兩個人或者很多人玩。

　　一個人的跳繩方式包括"跑步跳"（單腳交換跳）、"交叉跳"（雙手交叉跳）、"側跳"（手非置於左右方，而是前後方）、"2迴旋跳"（腳著地前，繩子繞兩次）、"3 迴旋跳"（同樣地繞三次）、"交叉2迴旋跳"（手交叉，並迴旋跳兩次）、"2迴旋交叉跳"（2迴旋之後交叉跳）、"後跳"（繩子由後向前繞）等多種玩法。

　　使用長的繩子，就可以玩多人的跳繩遊戲，而且還有"跳繩歌"，在日本有許多的"跳繩歌"。

跳繩當然就是要能夠一直跳，不要斷掉，所以會配上歌曲，讓大家都能夠一直邊唱邊跳，所以"跳繩歌"與"丟沙包歌"一樣，基本上都有很多數數字的歌詞。

　　最輸的兩個人要拿著用橡皮筋編成的繩子的兩端，剩下的人要依序跳過繩子，開始時，繩子還擺著很低時，可以規定不准碰到繩子，等到變高了之後，就可以碰到繩子。

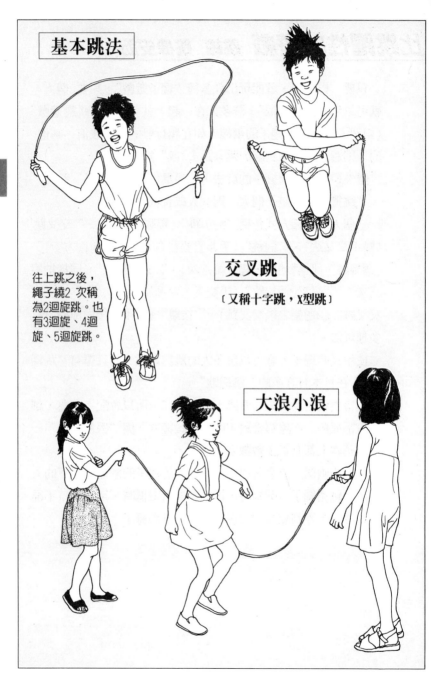

基本跳法

往上跳之後，繩子繞2次稱為2迴旋跳。也有3迴旋、4迴旋、5迴旋跳。

交叉跳

〔又稱十字跳，X型跳〕

大浪小浪

跳繩歌

 大浪小浪

大波浪　小波浪、跳繩的人進入左右搖晃的繩子中開始跳。

繩子繞繞繞、、、繩子繞圈

貓的眼睛、、、　用一隻腳停住在繞圈的繩子，跨過之後就結束了。

 小姐小姐請進來

小姐小姐請進來、、、　　被叫到名字的人要與之前進去跳繩的人一起跳，然後猜拳，輸的人就得跳繩了。

 郵差先生

郵差先生　東西掉了

我幫你撿

1張　2張　3張、、、　4張　5張

謝謝

每數1張，就蹲下來一次，且手摸地面，

摸五次之後，便跳開繩子。

小姐小姐請進來

郵差先生

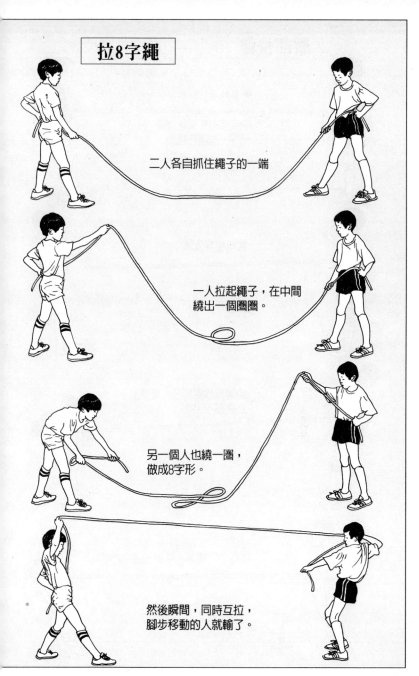

拉8字繩

二人各自抓住繩子的一端

一人拉起繩子，在中間
繞出一個圈圈。

另一個人也繞一圈，
做成8字形。

然後瞬間，同時互拉，
腳步移動的人就輸了。

腰部拉繩

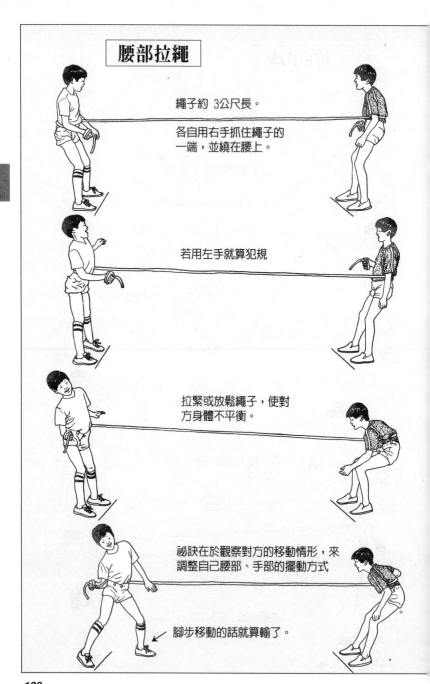

繩子約 3公尺長。

各自用右手抓住繩子的一端，並繞在腰上。

若用左手就算犯規

拉緊或放鬆繩子，使對方身體不平衡。

祕訣在於觀察對方的移動情形，來調整自己腰部、手部的擺動方式

腳步移動的話就算輸了。

繞繩遊戲

將繩子的一端打結，
使繩子有重心。

<玩法>將繩子置於離地30CM左右的高度，平行地面
的繞圈，在示意“大家進來”之後，大家便進入繞圈
的繩子之中，腳絆到的話，就得出局，繞繩子的人可
以或快或慢的改變繞圈的速度。

跳橡皮筋

倒立跳繩

男生跳法

女生跳法

交叉跳

橡皮筋繩子是如圖所示的將繩子一個一個連結在一起的，約連接2公尺左右。

本壘滾地球　〔三角壘〕

<玩法>規則與一般棒球大致相同，但是只有一壘和二壘，且沒有球棒及手套。

拿球方法
塑膠球會有一個突突的地方（灌氣的針孔），抓住這裡，就能投出許多種變化球了。

這是不使用球拍的網球遊戲，只要有一顆球就可以打
網球了，而且可以訂定適合自己的規則。

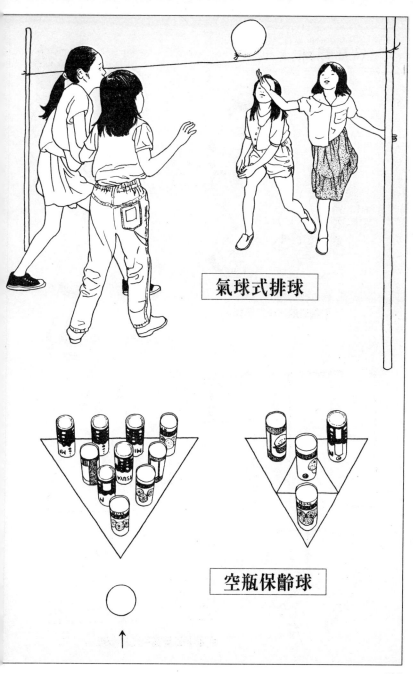

氣球式排球

空瓶保齡球

乒乓棒球

乒乓球一個。
用報紙做球棒及手套。

 ①

 ⑤

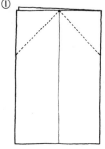

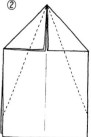

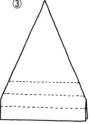

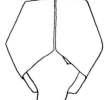

用報紙做連指手套的步驟。

無聊的笑話　惡作劇的謎題

會？　不會？　知道？　不知道？

問題1　真是不可思議，有10台汽車在軌道上跑。這是什麼軌道？

問題2　A先生早上起床打了一哈欠，然後慢慢地喝了一杯牛奶，為什麼？

問題3　頭總是歪歪，若有所思的是什麼動物？

問題4　鼴鼠、汽車、鬱金香、葡萄柚的共同點是什麼？

問題5　綠燈時，在十字路口舉起右手，穿過人行道，舉起左手的交通警察會一副很害怕的臉跑過來。他是怎麼跑過來的？

問題6　哪個國家沒有蛀牙的人？

問題7　絕對不會說錯話的是哪個國家？

問題8　咖啡杯的耳朵在哪一邊？

問題9　可以搭 10個人的船，結果搭 8個人船就沈了。為什麼？

問題10　手三隻、腳三隻、眼三個、嘴三個是什麼東西？

問題11　臉胖胖圓圓的，一直都在賣魚的是誰？

問題12　從前從前有一個胖胖的老爺爺，他的名字是？

問題13　要一次抓到大象、長頸鹿，猴子的方法是？

問題14　由東京到箱根，是坐速60 公里的汽車，還是時速100公里的賽車，比較快到達？

問題15　常常因窮緊張而生病的是什麼鳥？

問題16　獅子是怎麼叫的呢？

問題17　在東京，若酷斯拉與迅猛龍吵架的話， 會變成怎麼樣？

問題18　豬與馬賽跑，誰會贏呢？

問題19　貓咬起了一大塊牛排時會怎麼叫？

問題20　從蘋果的正中間剖成兩半，像它的剖面是什麼？

問題21　章魚在海上飄浮，會往哪個方向？

問題22　往上看它會在下面，往下看它會在上面的是什麼東西？

問題23　火爐爆炸時會怎麼樣？

問題24　什麼事都漠不關心的是什麼蟲？

問題25　大象遇到森林大小被四面八方的火圍住了，大象會怎麼樣？

問題26　沒有責任感的大象叫"不知象"哪不理睬小象的大象叫做什麼呢？

問題27　綠燈時，蝸牛會過馬路；黃燈時，大甲蟲會過馬路；那紅燈時，什麼蟲會過馬路呢？

問題28　眼睛和眼睛之間是什麼？

問題29　用手來測的是什麼東西？

問題30　冰箱中有什麼花？

問題31　由博多及東京同時出發的新幹線光號，會在哪裡相遇？

問題32　時速50公里的光號及噴射機哪一個比較快？

問題33　拿破崙還活著的話，世界會變成怎麼樣？

解答1 窗簾滑軌　解答2 因為不能同時打哈欠和喝牛奶。

解答3 袋鼠（發音同思考之意）。　解答4 不能飛。　解答5 用腳跑過來。

解答6 夏威夷（音同牙齒很好之意）。　解答7 錫蘭（音同正論）。

解答8 一定是在外側　解答9 因為是潛水艇。　解答10 是妖怪。

解答11 臉圓圓胖胖的魚販。　解答12 是小肥爺爺。　解答13 用照相機。

解答14 汽車。因為賽車超速，若運氣好，不被警抓的話，可以回答賽車。

解答15 九官鳥（音同病患）。　解答16 獅子不會叫，牠是用吼的。

解答17 東京大概會被踩平了。　解答18 馬。

解答19 會"汪!汪!"叫。　解答20 另一半的剖面。

解答21南方。因章魚沒有骨頭，全是肉（音同南方）。　解答22 "一"。

解答23 猛飛（音同火爐）　解答24蝸牛（意同全然無視）

解答25 不能怎麼樣。　解答26 放任象。

解答27 信號蟲（音同無視，不管紅綠燈之意）。　解答28 "和"。

解答29測水溫的手。　解答30 風信子（與冰凍的音相似）。

解答31 軌道上。　解答32 噴射機若時速只有50公里的話，不能飛。

解答33 人口會增加一個，成為世界最老的人吧！

自然界遊戲

在庭院露營

你可以不去深山，不去鄉下，就能與大自然接觸，因為大自然就在你身邊。

例如今晚若一定是個好天氣的話，不妨試著在外面睡覺，若沒有帳蓬或睡袋的話，可以使用塑膠布、床單、海灘用席子、髒了也無妨的毛巾，以預防夜晚的露水或寒氣。若沒有帳蓬就席地而坐，在登山術語之中叫做"臨時野營"。在夏天的夜晚，比起在家中睡覺，不如臨時野營一下，反而會覺得更清涼、更舒服。

就臨時野營的場所而言，雖然說原野、廣場滿適合的，但在家中庭院陽台也是滿有趣的，這與在鄉下的別墅或山中小屋相比，又是全然不同的感覺，藉由這種體驗，會發現人是大自然的一部分，是依附著大自然而生存的。

此外，過露營生活時，除了睡覺之外，還可以像平常生活般的吃飯、玩遊戲，如此便能讓你的身心感受到食物的甘美、自然的奧妙與令人驚嘆之處，只要過一天露營生活，就能讓你回味無窮。

庭院若還有空間的話，你可以試著當"伙夫"，收集枯枝、落葉來炒一炒，住在大都市裏恐怕比較困難，那可以自己做真正可以吃的菜，用小瓦斯爐來煮一煮，就會有香噴噴的晚餐了。

收拾好鍋碗瓢盆之後，可以進到帳蓬中，欣賞夜景直到天明，大家一起躺在庭院的地上看星星、月亮，似乎更加浪漫，平常天天在家看的庭院，若用手電筒照一照，會覺得很新鮮、有趣，將手電筒的燈關掉，或許會讓你想漫步在月光下，靜靜的仰望夜空，會感覺自己像是遠古時代的原始人那樣悠閒自在。

在庭院或陽台享受外宿樂趣

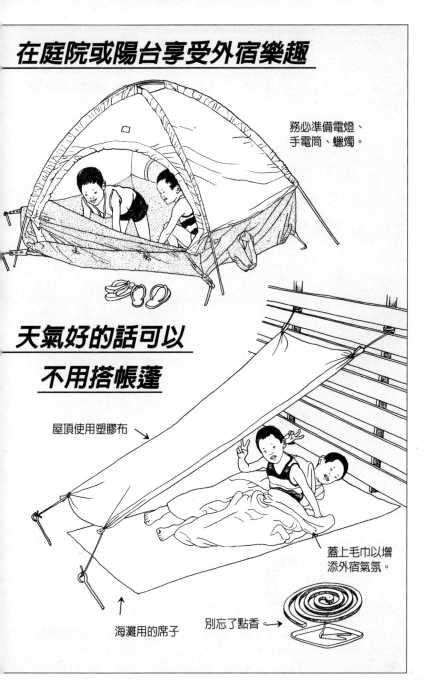

務必準備電燈、手電筒、蠟燭。

天氣好的話可以不用搭帳蓬

屋頂使用塑膠布 →

蓋上毛巾以增添外宿氣氛。

海灘用的席子

別忘了點香 →

若有蚊帳，就不用帳棚了，這樣就可以清楚地仰望星空。

使用海灘大遮陽傘來避風避雨。

在室外睡覺很涼爽！

用竹竿架的帳棚。

用瓦楞紙箱做家

瓦楞紙箱還可以做桌子、椅子。

利用廣告顏料或奇異筆彩繪你的
新家，讓它更加豪華。

〔做新家的準備工具〕

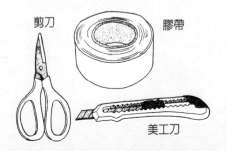

剪刀

膠帶

美工刀

割瓦楞紙要割得好的話，
美工刀要有點斜躺，拇指
要確實壓好，刀片太突出
來反而不好割。

小型遠足

所謂小型遠足，就是在庭院或草原等附近之處爬行，仔細地觀察小範圍的生物，是很小型的觀察活動，就像在看森林模型一樣，平常司空見慣的花花草草，也似乎另有一番面貌。

小型遠足是讓眼睛觀察從地面起 30 公分以下的範圍，若使用觀察爬蟲類專用的眼鏡，蟲類小小的身軀就會變成特寫，就能看到平常看不到的身體或眼睛等細微的部分，會讓你很驚訝牠們在這麼小的範圍裏，也會有如此不同的生活方式。

其代表性蟲類是螞蟻。平常我們看到的螞蟻都是從屋子外圍爬到家中地板下，然後列隊前進廚房的，但藉由小型遠足，就應該可以馬上知道為什麼牠們會東爬西爬的了。

當你發現螞蟻行徑路線之後，可以尾隨著它們，以便進行觀察活動。看到螞蟻忙碌的行軍、覓食的模樣實在非常有趣。

如何觀察蝸牛的行徑呢？那就跟在蝸牛的後面看看吧！你可以用奇異筆在蝸牛殼上做記號，過30分鐘或 1小時之後，就能觀察到它的移動情形，若不是在雨天找蝸牛的話，早上就要早一點起來，因為太陽出來之後，蝸牛殼的邊緣被黏液蓋住，會使得蝸牛較不易移動。

若要觀察昆蟲，可以掀開落葉，移開庭院中磚瓦石頭，他們就會從中跑了出來。你也務必試試看在夜晚拿著手電筒來觀察這些小昆蟲。

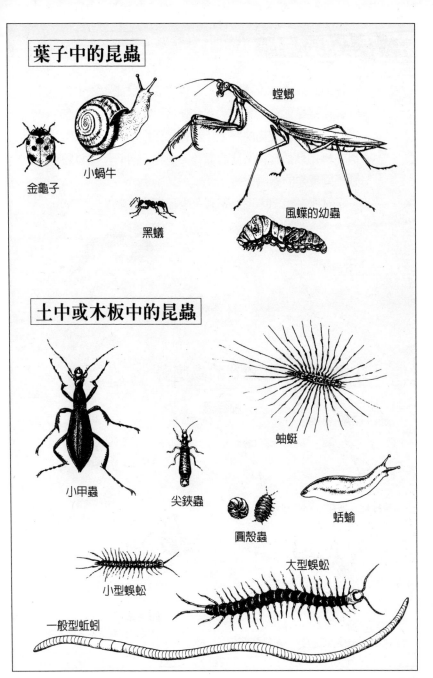

葉子中的昆蟲

螳螂

小蝸牛

金龜子

黑蟻

風蝶的幼蟲

土中或木板中的昆蟲

蚰蜒

小甲蟲

尖鋏蟲

圓殼蟲

蛞蝓

小型蜈蚣

大型蜈蚣

一般型蚯蚓

帳棚外的蟲鳴

　　你或許只會在大拜拜時，從買來的昆蟲籠中聽中蟲鳴聲，但是你會很驚訝，其實在自己家的週圍，就有很多種很好聽的蟲鳴聲了。其實你仔細一聽，可以聽出各種昆蟲都有其不同的聲音，而在不同的地點也聽到不同種類的蟲鳴聲。

　　試試看在帳棚中可以聽到多少種蟲鳴聲呢？

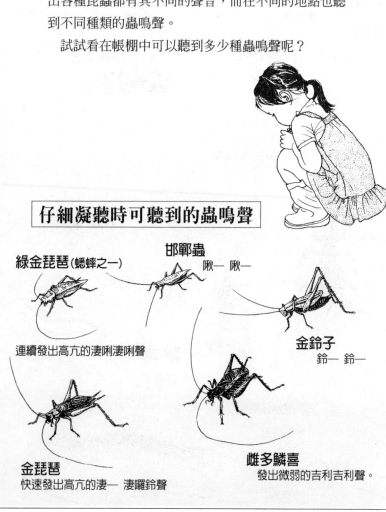

仔細凝聽時可聽到的蟲鳴聲

綠金琵琶(蟋蟀之一)

連續發出高亢的淒唎淒唎聲

邯鄲蟲
啾— 啾—

金鈴子
鈴— 鈴—

金琵琶
快速發出高亢的淒— 淒囉鈴聲

雌多鱗喜
發出微弱的吉利吉利聲。

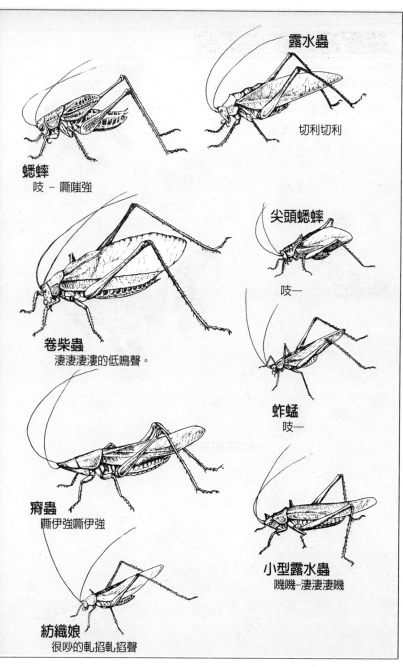

露水蟲
切利切利

蟋蟀
吱－嘶嗤強

尖頭蟋蟀
吱一

卷柴蟲
淒淒淒淒的低鳴聲。

蚱蜢
吱一

瘠蟲
嘶伊強嘶伊強

小型露水蟲
嘰嘰－淒淒淒嘰

紡織娘
很吵的軋招軋招聲

捕捉趨光性的昆蟲

你是否認為捕捉昆蟲就是拿著網子
在原野上追逐捕捉呢？

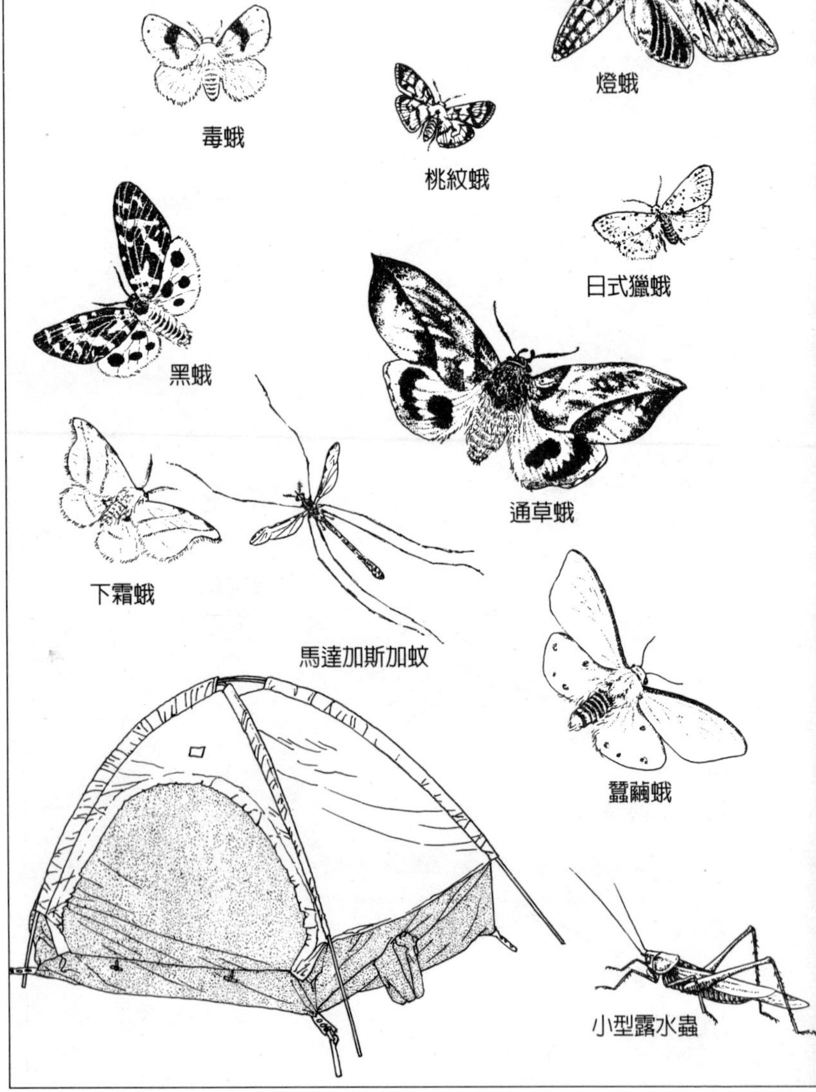

毒蛾

桃紋蛾

燈蛾

黑蛾

日式獵蛾

下霜蛾

通草蛾

馬達加斯加蚊

蠶繭蛾

小型露水蟲

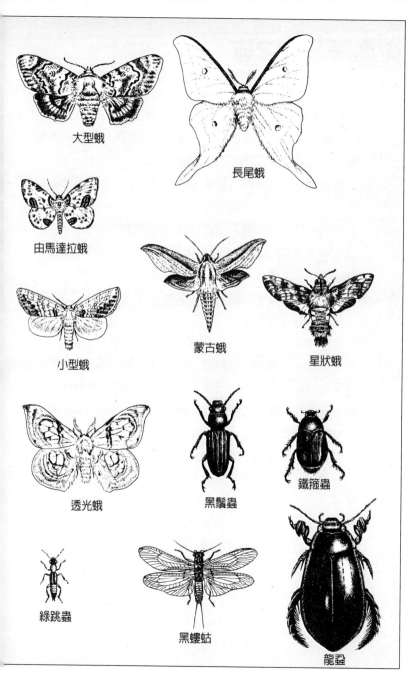

大型蛾

長尾蛾

由馬達拉蛾

小型蛾

蒙古蛾

星狀蛾

透光蛾

黑鬚蟲

鐵箍蟲

綠跳蟲

黑螻蛄

龍蝨

與鳥類共處之道

在庭院露營也能感受到早晨清新的氣息，伴隨著鳥囀聲，天空漸漸亮起，在旭日東昇之時，將你輕輕的喚起。鳥類的活動時間通常是在早晨及黃昏。早晨至戶外探訪鳥群當然很好，但也可以在帳棚中用耳傾聽有趣的鳥鳴聲。

若要分辨各種鳥類的聲音，可以用文字將它們的聲音記錄下來。

鳥的叫聲做"鳥囀"。例如我都知道黃鶯的叫聲是 "ho ho ke kyo"，但它還有另一種原始的叫聲，就是像彈動舌頭般的"kya kya"；這或許大家都不太曉得。

我們都知道麻雀的叫聲是"啾啾"，但你或許也慢慢知道它不只是只有這種叫聲。

一年四季之中，當然是夏季的鳥類比較少，但還是可以看到白臉山雀、灰棕鳥、短腳鴿、烏鴉等鳥類，那就讓我們來觀察這些鳥類是如何生活的吧！先記住身邊這些鳥類的作息特性，再與其他的鳥類相比較，就比較容易分辨出各種鳥類的特性了。分辨方法有很多種，包括"大小""尾巴長度、形狀""顏色、體型"等，而且不同的鳥類也會有不同的"飛行方式、動作、姿勢"，若知道這些特性，就便容易辨認出各種不同的鳥類了。

- 直線飛行—灰棕鳥、鴿子、烏鴉
- 上下波浪狀飛行—短腳鴿、鵪鴿、啄木鳥。
- 雙腳交互跨步走路—雲雀、鵪鴿、灰棕鳥、鴿子。
- 並腳跳步走路—以麻雀為首，許多小鳥皆是。

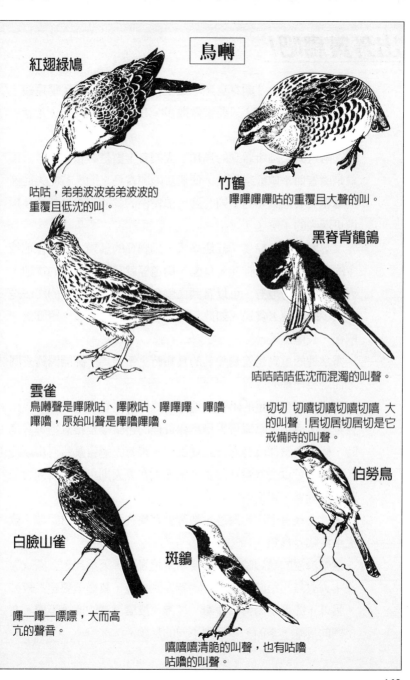

鳥囀

紅翅綠鳩

咕咕，弟弟波波弟弟波波的重覆且低沉的叫。

竹鶴

嗶嗶嗶嗶咕的重覆且大聲的叫。

黑脊背鶲鴝

咕咕咕咕低沈而混濁的叫聲。

雲雀

鳥囀聲是嗶啾咕、嗶啾咕、嗶嗶嗶、嗶嚕嗶嚕，原始叫聲是嗶嚕嗶嚕。

切切 切嘻切嘻切嘻切嘻 大的叫聲！居切切居切是它戒備時的叫聲。

伯勞鳥

白臉山雀

嗶—嗶—嘌嘌，大而高亢的聲音。

斑鶲

嘻嘻嘻清脆的叫聲，也有咕嚕咕嚕的叫聲。

出外賞鳥吧！

　　所謂賞鳥是指"觀賞鳥類"之事，剛開始時不必用望遠鏡，不必到山上、海邊，只要當做散步，在附近的公園走一走就可以了。

　　在附近的公園所看到的鳥類，大概有半數是麻雀，但若因為只是麻雀而不做觀察的話，便無法敲開賞鳥之門，若能先從區別麻雀與其他鳥類的不同的話，那慢慢的就能夠對於該種鳥類做更深入的了解了。

先了解麻雀、灰棕鳥、紅翅綠鳩、烏鴉等的鳥類，再到綠地較多的地方觀察，像神社、墓園、街道等就有較多一點的綠地，只是人愈多的地方，可以看到鳥就愈少，所以最聰明的辦法是在人少的早晨去賞鳥，如此一定可以看到白臉山雀、短腳鴿、鵪鴿、長尾鳥等。

　　需掌握的重點是看到知名的鳥類時，不要馬上翻開圖鑑查閱，而是要仔細的觀察。

　　河邊或湖有充足的陽光及遍地的綠草，是鳥類的天堂。

在夏天，河川、草原可說是鳥類最佳的遊樂場及棲息地，賞鳥時，儘量要選擇沒有進行護堤工程，沒有太過雜亂的河川原野，在春天可以經常看到雲雀、鷺虎；在夏天則可以經看到大葦鶯、小鷺鷥、鷺鷥等。

　　另外，在有潮汐的海邊、沙灘會聚集許多鷸鳥、白頸鶴、鷺虎、海鷗等鳥類。

　　觀察海邊的鳥類時，就需要用望遠鏡了，因為比起公園或河邊，人與鳥的距離就遠多了，若要到水邊，就必須要穿長統鞋。另外，如退潮的河口沙灘、淺灘、波濤洶湧的海濱等處，在不同的場地、季節，可看到不同的鳥類。

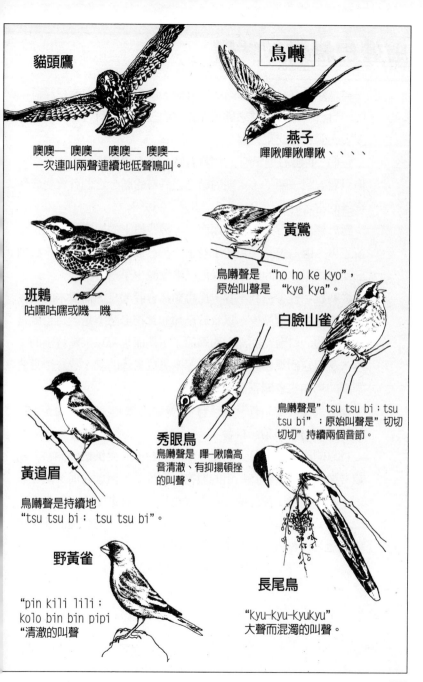

貓頭鷹

噢噢— 噢噢— 噢噢— 噢噢—
一次連叫兩聲連續地低聲鳴叫。

鳥囀

燕子
嗶啾嗶啾嗶啾、、、、

黃鶯

鳥囀聲是 "ho ho ke kyo"，
原始叫聲是 "kya kya"。

班鶇
咕嘿咕嘿或磯—磯—

白臉山雀

鳥囀聲是" tsu tsu bi；tsu
tsu bi"；原始叫聲是"切切
切切" 持續兩個音節。

秀眼鳥
鳥囀聲是 嗶—啾嚕高
音清澈、有抑揚頓挫
的叫聲。

黃道眉

鳥囀聲是持續地
"tsu tsu bi；tsu tsu bi"。

野黃雀

"pin kili lili；
kolo bin bin pipi
"清澈的叫聲

長尾鳥

"kyu-kyu-kyukyu"
大聲而混濁的叫聲。

窗邊是鳥類的餐廳

與鳥類建立良好關係的最好方法，就是在家裡的窗戶設置一個飼料台。一旦鳥類喜歡上你為它們設置的飼料台，它們就會天天到飼料台吃東西喔！

它們一開始注意到你的飼料台時，未必會慢慢地停下來吃，但只要忍耐一陣子，定期的給它們飼料的話，它們就會變成你窗邊的常客喔！

對於棲息在行道樹的鳥類而言，尋找樹上的果實或蟲子是件苦差事，因為道路（包括小巷子）多已被舖上柏油，原本蚯蚓、昆蟲賴以生存的土壤及綠地已漸漸減少了。

從晚秋、經冬天到早春，昆蟲類都會躲起來，而樹木的果實或草的果實都會減少，以致於鳥類的食物倍感不足，這也就是你設置的飼料台高朋滿坐的季節了，偶而也可以來點特別的菜色，若幫它們準備蘋果、橘子等水果或果汁的話，或許平常看不到的鳥類也會聞香而來喔！

呼引鳥類的要點有三個 (1) 不驚動鳥類。 (2) 準備充足的飼料。 (3)不移動飼料台。

可以的話，最好每天固定一個時間持續的提供他們飼料。鳥類喜歡的食物雖然在超市的寵物區買得到，但麵包屑、餅乾屑、小麥、小米、葡萄乾、花生等也是它們喜歡吃的。麵包要切成 0.5公分左右的小方塊；水果則切成一半，有含鹽的花生也要去鹽之後再給鳥吃，請準備比較天然的飼料。

在窗邊釘上寬同窗戶寬度，厚1-2公分的木板，這樣就可以在家中看到鳥的模樣，若加個屋頂的話，即使雨天，鳥也會過來吃。

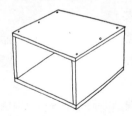

①準備長 40公分的木板 2 片、20 公分的木板 2 片。

③飼料台的外側塗上油漆會更漂亮。

②釘上釘子，做成箱子。

④若使用螺旋狀釘子的話，飼料台會更加牢固。

⑤將飼料台釘在窗戶上之後，就做成鳥類的餐廳了。

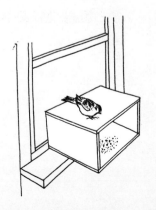

在庭院設置水池

　　若在庭院設置水池的話，就會慢慢地聚集許多種小動物。

　　例如：對野鳥而言，在都市中最感缺乏的是可以喝水、玩水的水池，都市中的河流被蓋上蓋子，沼地、水池也漸漸掩埋起來了，所以住在都市中的動物很難找到水。

若有庭院可以做水池的話是最好的，若沒有庭院的話，可以做個小小的放水處，只要能夠儲水就可以了。

最重要的是要經常換水，可以的話，最好是做成可使水慢慢流出的流動型水池。

　　好不容易佈置好的水池，當然就要儘量佈置成可吸引鳥類、昆蟲聚集的環境，可以在水池中放石頭，將花盆倒過來放在水池中，以做為鳥類棲息或喝水的地方。

在四周種植花草，使得整個環境更加自然，若種植有結果實的樹木，就可以提供小動物更多的食物。

　　我們容易以人的角度來看庭院的美觀與否，但對於人而言是舒適的庭院，對於蟲鳥而言就未必是舒適的庭院了，蟲鳥需要的是花草繁茂的自然環境。

　　自然界是一年一個循環的，或許建造成使蟲鳥樂在其中的棲息之處需要花較長的時間，但你所獲得的快樂也會因而多了起來。

水池的做法

塑膠桶

水盆

塑膠盆或鐵盆

此外，還可以用木桶或嬰兒用的舊洗澡盆，仔細找一找，其實身邊就有很多種儲水的器皿喔！

塑膠布可以在園藝用品店的溫室用品部買到，若買不到的話，也可以用塑膠的桌巾來代替。

挖穴

鋪上膠合板

鋪上園藝用的塑膠布

四周圍鋪上紅磚。

探訪公園的水池、沼地

　　水池或沼地棲息著各式各樣的小生物，在水中生活的昆蟲，包括一生中有一段時間生活在水中的昆蟲，稱為"水生昆蟲"，而在水上生活的昆蟲，稱為"半水生昆蟲"。

　　就生活的場所而言，魚或水生昆蟲等住在水中的生物主要可分成4大類。

- 水面—以水池或沼地的水面為活動場所的生物。如水蚊、孑孓等。
- 水草—爬行、生活在水中水草繁茂之處的生物。如水螳螂、田鱉、水蛭等。

　　此處若就陸地而言，相當於森林地帶，是生物種類繁多的地帶。

- 水底—如蜻蜓的幼蟲、螻蛄幼蟲、田螺、河蚌、蜊蛄等，在水底爬行或藏在泥沙中的生物。
- 自由游行—在水中游行的生物。如將魚、鯽魚等魚類、龍蝨、水蝨。

　　要觀看水中生物的世界，最好是在4月-10月，在冬天幾乎看不到它們的蹤影，對昆蟲而言，從 5月左右開始的幾個月，就是它們的活動期間，水深 30公分至 100 公分的地帶是最適合這些生物生活的地帶，因為陽光可以照射到這個地帶，使得水草繁茂、氧氣充足，在水中生活的生物也大都喜歡生活在陽光照射的地方。

　　若將水池或沼地稍微改變一下水溫或使水混濁的話，可能會改變或減少住在此處的生物種類，可見得自然界就是在這種微妙的平衡狀態下構成的。另外，要注意別任意殺死昆蟲，踩壞了岸邊的水生植物喔！

多樣的水生昆蟲

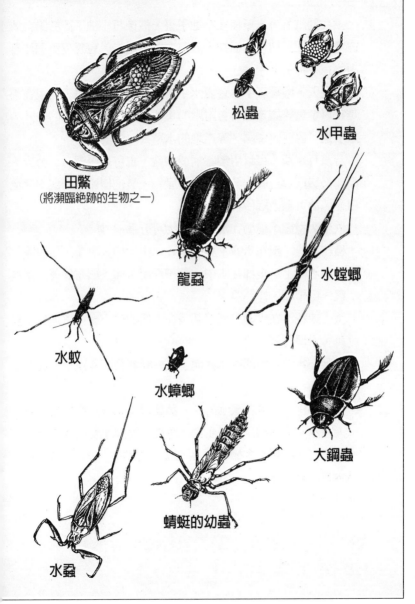

松蟲

水甲蟲

田鱉
（將瀕臨絕跡的生物之一）

龍蝨

水螳螂

水蚊

水蟑螂

大鋼蟲

水蝨

蜻蜓的幼蟲

在陽台的池子中種水草

讓我們試著將水藻種在小池子裏，然後將小池子置於陽台或窗邊，以便種植水生植物，若將之置於屋內，會感覺整個注意力都在小池子上了。

在夏天，園藝店中也會賣水生植物，像布袋蓮等，而現在都是在買金魚等觀賞魚時會附贈的東西，最近除了日本的之外，還引進了巴西、泰國、等產地的水草。

若沒有水草，可以用塑膠桶或臉盆，也可以用深 15 公分、高 30公分、寬 60公分的發泡樹脂箱，發泡樹脂箱的底部會泛白光，故可舖上細砂石礫。

依生活型態，種植在水中的植物可分為 4 類。

- 種在水底─根在水底、葉或莖在水中，如金魚藻、松藻等。
- 浮在水面上─根部在水中，葉子浮出水面。如布袋蓮、水蕹苴、山椒藻、浮萍等。
- 葉子或花浮在水面，而根部長在水底的泥土裏─睡蓮、羊蹄草、水罌栗等。
- 莖葉在水上，根部在水底泥土裏─野慈菇、萍蓬草、紅茅等。

水的部份，若用自來水的話，請使用加入石灰中和劑，放了一天的水，水草和魚都是生物，可能會因為水質而會快速生長或者死亡。種植水生植物的 4 項基本要件是 1)光　2)營養 3)水質　4)水溫。

多樣的水生植物

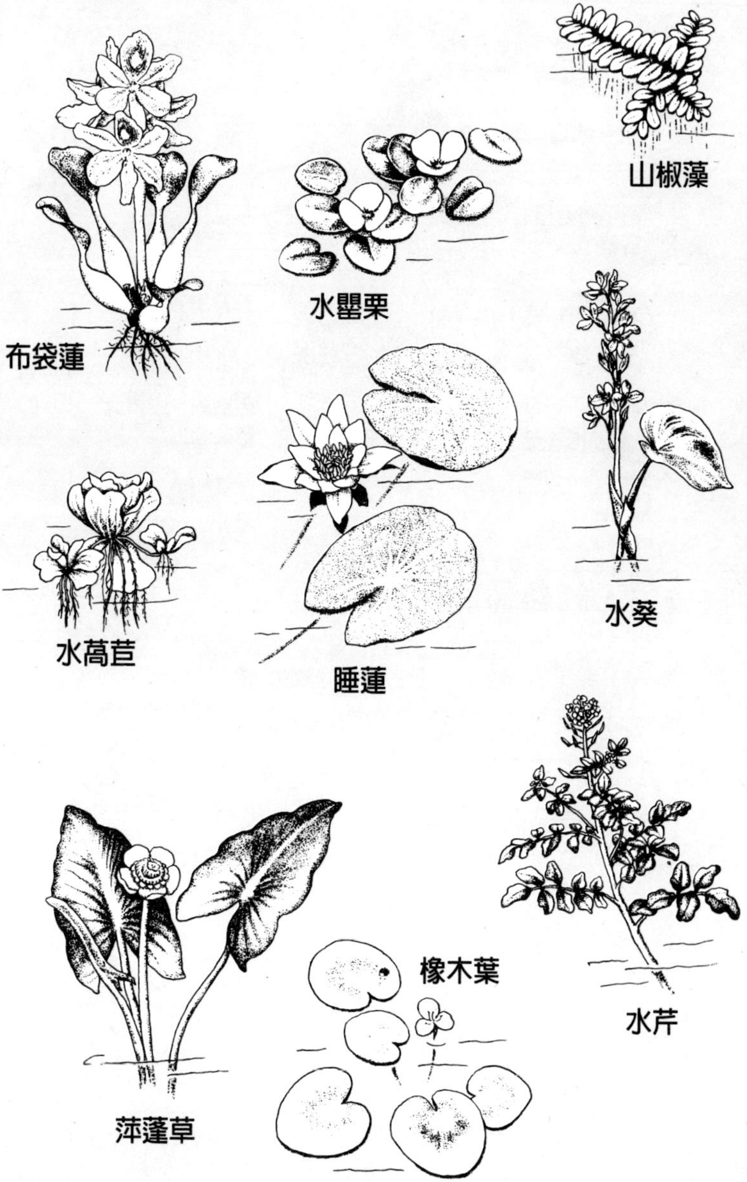

山椒藻

水罌粟

布袋蓮

水葵

水蒿苣

睡蓮

橡木葉

萍蓬草

水芹

建造小小型菜園

4–5月時，將要種的植物浸在裝水的容器中

會長出數十根芽。

一根芽長出6 片葉子之後，就將這些芽一一分開，做成幼苗。

即使是直徑 15 公分左右的盆栽，也會長出小小的蕃藷喔！

水植蕃藷

白蘿蔔、紅蘿蔔的廢物利用

白蘿蔔或紅蘿蔔有長葉子的上半部留下一小部分，浸在水中，並置於室內。

白蘿蔔

紅蘿蔔

摘下來就可以食用了。

可以取代歐芹來使用。

黃豆芽

盆底鋪上網子

用水浸泡一個晚上後，
放入素陶製的盆栽。

發芽之後就可以食用了，有的會變皺、
變色、脫皮，但是可以食用，也可以用
水將長大的豆芽的皮洗掉。

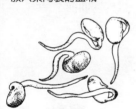

豌豆芽

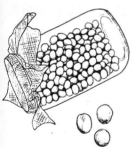
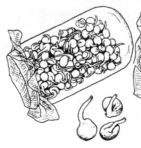

浸泡一個晚上之後，會
變大 3 倍左右，一天
用水洗兩次。

芽長到2-3公分左右，
就可以食用了。

經過三天左右之後，
芽會長得更長，就可
拿來煮或炒了。

建造雜草園

雜草是非常強韌的植物，在水泥地的裂縫中、石牆的縫間、停車場的角落，常常可以看到它們抱持著一股強烈的生命力，萌生於各個角落，並開出花花朵朵。

當你漫步於原野時，長褲或衣服會黏上許多如小蟲子般的東西，其實這是植物的種子。

有的是頂端尖尖的，有的是像鑰匙一樣彎彎曲曲的，有的是黏黏的，有很多種種子。

穿上老式的鞋子，然後漫步於原野，看看能採集到多少種種子。將採集到的種子分類，撒在庭院中，做成雜草園。

將各種種子分別撒在紙杯、鮮奶盒或雞蛋包裝盒中，到了明年的春天就可以開出各式各樣的花囉！

這種散步找種子的時間，最好是在夏天到秋天，雜草種子成熟的時候。

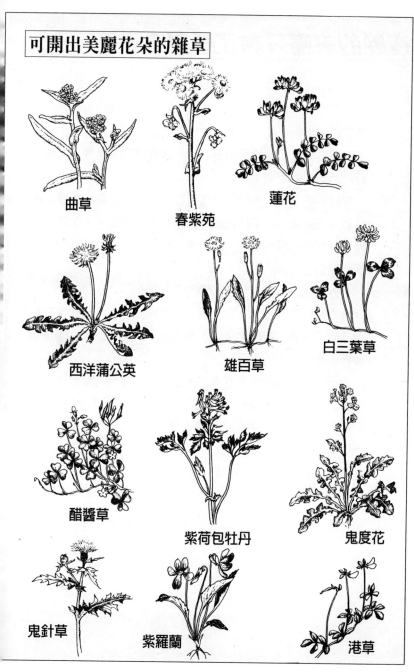

可開出美麗花朵的雜草

曲草

春紫苑

蓮花

西洋蒲公英

雄百草

白三葉草

醋醬草

紫荷包牡丹

鬼度花

鬼針草

紫羅蘭

港草

夜晚的來臨只為了睡覺？

地球的自轉使得日夜得以交替，自然界的生物也隨著這樣的循環而作息，植物、昆蟲、鳥獸也是隨著這樣的循環而生活，於是各種生物便找出一天之中它們活動性最強的時段。不在"白天"活動的生物有很多，因為它們是選擇"夜晚"做為他們的活動時間。

夜晚在街道上散步時，常常可以看到許多聚集在街燈四周的昆蟲，而伺機捕捉這些昆蟲的就是壁虎或青蛙了，平常在白天較少看到的昆蟲或龍蝨、水蝨等，在池子、河川棲息的昆蟲也都會聚集在街道的附近。

另外，也請看看生長在路邊的花草吧！

我們知道有些花是在白天開，但夜晚就會合起來的；有些花則是到了黃昏或夜晚才會開，例如王瓜所開的白花，也是到了黃昏或夜晚才開的。

你會意外的發現，有許多葉子在夜晚是會合起來的，而閉合的方式有兩種，一種是向上閉合，一種是向下閉合，例如合歡樹的葉子就是向下閉合的，另外常見的白三葉草、醋醬草也是葉子合起來的，旱田裏大豆、四季豆、落花生等也都是葉子合起來的，讓我們來看看它們的睡姿吧！

與爸爸夜遊

　　來點與平常不一樣的夜遊。住都市叢林中，我們經常只能看到煙霧、大型建築物、霓紅燈，難以欣賞到美麗的星星或月亮，但我們只要走出郊外，就可以觀察到夜晚的自然景觀了，全家人可以一同眺望夜空，凝聽森林中各種美妙的聲音。為了避免熬夜、睡眠不足，日落之後，就可以立即出發了。

在夜晚的街道上散步

　　請父母帶著你在酷夏的夜晚散步吧。若說是去一般所謂的"夜遊"的話，可能會被父母罵，但只要花一個晚上，用自己的眼睛來觀察自己所住的街道深夜是怎麼樣的深液就可以了。

　　在深液裡，有計程車司機、公司夜間的巡邏警衛、在路上施工的叔叔、輪班的警察、24小時營業便利商店、夜間營業的餐廳，你會發現有許多人都在深夜裡辛勤的工作著。

在夜晚才會好玩的遊戲

你有看過流星嗎？

住在都市有許多人別說是流星了，就連星空都沒有看過，但是要看到流星並不是那麼困難，若能到空氣清新的地方，在夏夜晴空時，觀看天空15分鐘左右，大概可以看到1顆或2顆流星了，而且不需要拿望遠鏡就可以看到了。

所謂流星是指由宇宙掉到地球的小石頭，在與大氣層摩擦之後生熱放光，使我們可以看得到。

多的時候，一小時可能會50、60有顆流星。

選擇可以到一大片星空的地方坐下來，靜靜地等待流星的出現。

同時看到星星與朝陽

不僅是過年，在平常能看到日出都會很開心，雖然夏天炎熱，但還是可以在愉快的氣氛下欣賞日出，可以的話就到山上去看日出，感受一下"佛光普照"的氣氛，但夜晚的山上太危險了，最好是在附近的海岸或原野，從夜晚到清晨，天空的瞬息變化會令你感動不已。

夜晚時在防波堤夜釣

與爸爸伴隨著夜晚的涼風，享受夜釣的樂趣。坐在防波堤上，看著隨波浮浮沈沈的電子浮標上的小火花，心情就會不知何故的緩和下來，在你覺得電子浮標的光漸漸變弱時，不知不覺的天空也開始亮了起來。

依所釣的魚類的不同，電子浮標也有很多種，另夜晚的防波堤真的是伸手不見五指，非常漆黑，所以要帶手電筒喔

觀察天象

　　不要認為在都市就看不到星星，其實只要有雙筒望遠鏡或天體望遠鏡，再加上在何處可以觀看什麼樣的星星或星座的知識，就可以在都市裡享受到觀星的樂趣，在高樓的樓頂，或寺廟、神社的公場可以看到比平常還要多的星星。

　　肉眼只能看到 6 等星，若用口徑 3-5 公分，倍數是 7 倍左右的雙筒望遠鏡，就能清地看到 8-9 等星的星星。

　　若覺得雙筒望遠鏡不夠用的話，可以買天體望遠鏡，而天體望遠鏡分成 2種，一種是將對物透鏡所收錄的天體影像用接眼透鏡放大來看的折射望遠鏡；另一種是取代對物透鏡，裝上反射鏡的反射望遠鏡。

初學者用折射望鏡比較好操作。

　　但若覺得天體望遠鏡不好操作的話，可以選擇體型小、性能好的望遠鏡，若買太大的話不好搬動，可能會使它一直被放在房間中。

　　到郊外觀察天象時，需準備星座盤，貼上紅色玻璃紙的燈，除蚊液等小工具。

　　你若一手拿著星座盤，然後邊走邊找尋星座的話，會發現原本零零散散的星星，都連結起來了。

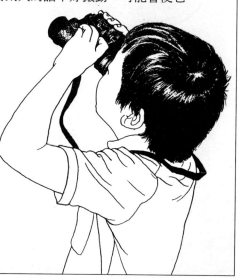

令人行如風的自行車運動

　　最重要的是穿上合腳的鞋子及配合自己身材的自行車。
1)把手要與肩同寬。　2)手肘輕輕彎曲。　3)鞍座的高度
要在跨坐時，雙腳、腳尖能輕輕的接觸地面。

　　目標距離為一天可輕鬆騎完的距離，小學低年級大約20
公里，高年級大約是 40 公里。初學者剛開始時可以少一
點，然後再慢慢地增加距離。

火柴遊戲 1　　會？　不會？

<玩法>猜拳決定順序，以決定的火柴棒數來排列文字或圖案，火柴棒數可一根一根的增加。

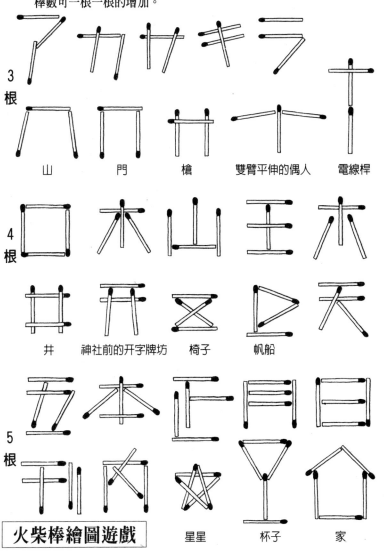

3 根

山　　門　　槍　　雙臂平伸的偶人　　電線桿

4 根

井　　神社前的开字牌坊　　椅子　　帆船

5 根

火柴棒繪圖遊戲　　星星　　杯子　　家

山中、河中、森林中的遊戲

到山上露營時，可以以露營地爲基點，至附近爬爬山；至森林中沼地或湖邊散散步；也可以玩"找方位遊戲"，即利用地圖及指南針，找尋設在森林中的"郵筒"。

從帳棚出發時，需準備地圖，足夠的水及糧食，也別忘了帶雨具及簡單的禦寒用品，山上的天氣變化迅速，應特別小心。

河中的代表遊戲是"釣魚"，釣魚前需準備釣竿、魚餌等釣魚工具，必須查看釣魚地點安全與否，而且上游、中游、下游、湖邊、沼地、水池等釣魚的場所不同，須準備的工具也不一樣，應好好的研究一番，才能使釣魚活動更加有趣。

一般而言，陰天、小雨過後、吹微風之時是最適合釣魚的天氣。若有流速較慢、水量不多、似乎有魚的小河的話，就可以不用釣具，直接用手抓魚了！另外，可以在河流中堆起板子或石頭以阻斷水流，如此下游地帶，會變成許多個小小的水灘，就可以看到原本躲起來的魚兒在跳動著，若年紀還小，可以用網子來抓。只是不可以阻斷農業用水。

森林是我們做野外活動的場地之一，儘量不破壞自然環境是戶外遊戲的規則之一，但爬爬樹，在樹上結繩倒是沒什麼關係。

在高高的山丘上奔跑、在原木上跳來跳去、爬爬大岩石、採集昆蟲、觀賞植物、鳥獸等，讓你充分享受自然之美與樂趣。

睡在草地上

　　到森林中吸收森林的精氣吧！只要躺在地上滾一滾就能聞到樹林的味道。

　這種味道叫做芬多精，它對於我們人體有很多好處，陽光經由樹葉的篩濾灑落到地面上，可以聽見樹葉唏唏沙沙的喧鬧聲、小鳥的鳥囀聲、風簌簌的吹拂聲，邊看著天空飄的浮雲，一邊靜靜地躺在地上，或許昆蟲、動物就慢慢的靠近你喔！若將枯枝、落葉蓋在身上，然後蹲著，會感覺自己就是住在森林中的人。

　　習慣之後，可玩猜鳥聲遊戲，就是可以分辨出多少種不同的鳥類聲音的遊戲，用力傾聽，然後用手指一一地數出來，時間限定為 5 分鐘。

收集落葉　觀賞落葉

收集落葉

　　樹葉的顏色會因季節而有所改變，乍看之下，會發現樹葉的顏色、形狀都差不多，不太容易區別它們的種類。

　　但每次去森林遊玩時，若都能仔細地觀察樹葉的話，會慢慢地發現它們的顏色及形狀都不逕相同。

　　稍微習慣於觀賞樹葉之後，就可以開始收集落葉了。

帶本厚厚的舊雜誌，將形狀完整的樹葉，每一種各取 2-3片包起來，帶回家之後，使用 10-15倍的放大鏡將樹葉放大，觀察樹葉的紋理、形狀等，然後仔細地描繪下來，包括葉緣的鋸齒程度，葉毛的形狀、葉子的長、寬，葉柄的長度等皆要仔細的測量。

同樣的樹枝摘下來的葉子，樹根與樹梢的葉子形狀、大小就會不一樣，多去採集不同季節的葉子是採集落葉的祕訣之一。

觀賞落葉

　　觀察小鳥的生態則稱為賞鳥；用雙筒望遠鏡觀察高大樹木的葉子形狀、生態則稱為賞葉。

與鳥不同的是它不會移動，很容易觀察，但若從樹葉的形狀來知道樹木名稱的話，就得像收集落葉一樣，在不同的季節，多出去觀察觀察才行，不同的季節都會將樹葉染成不同的顏色，那就請你自己慢慢地觀察、欣賞吧！

樹木的年齡叫“樹齡”，雖然我們都知道由年輪可知道樹齡，但其實活的樹木藉由樹枝也同樣可以知道樹齡喔！

　　樹木每年都會長出新的枝枒，隔一年時，又會從那根樹枝的樹梢再長出新的枝枒，如此，只要算一算樹枝數，就可以知道樹齡了，這也是觀賞落葉樂趣之一喔！

收集落葉來做遊戲

收集落葉

　　收集到最多種樹葉的人就贏了，一種只能一片，超過一片的就要扣分。

搶樹葉遊戲

首先，收集10種樹木的葉子、花、種子，並排在一起，然後由 1 編到 10號，一個人當裁判，分成同樣人數的兩組，裁判說 "接下來是 4 號的山毛櫸樹"，先拿到與裁判所說的號碼同樣的葉子就算獲勝，拿錯的人要扣分。

猜樹名

　　若記得樹葉的名稱的話，就向屬於它的樹木挑戰吧！將號碼牌掛在樹上，然後猜它的名稱。

1)松樹　2)杉樹　3)白樺樹　4)小橡樹　5)山毛櫸樹　這樣的排列著，然後站在高台用雙筒望遠鏡觀看，然後猜樹名，若一直看不出來的話，就可以下來看樹葉，以確定是什麼樹。

與樹木做遊戲

只要將一根繩子綁在樹上，就可以玩"泰山"遊戲，看誰晃的比較遠，或做繩梯等遊戲，將繩子繫在樹枝上，可以做成盪鞦韆，當然能坐在樹枝上眺望是最好的了。

用樹枝搭房子

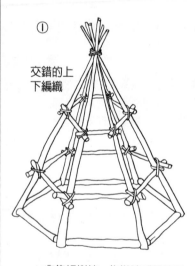

① 交錯的上下編織

收集好樹枝，先搭建房子的骨架，並用繩子綁好。

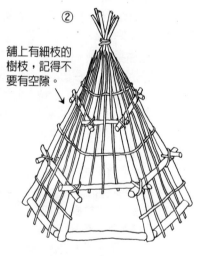

② 鋪上有細枝的樹枝，記得不要有空隙。

用竹子或細的樹枝填滿空隙，做成牆壁。

爬樹遊戲

緊緊抱住樹木，兩腿內側夾住樹幹的兩側，膝蓋彎曲一步一步地的向上爬。

”泰山”遊戲

使用葡萄樹藤等強韌的繩子。

與昆蟲做遊戲

　　昆蟲都生活在自己最能夠適應的地方，若要找到昆蟲，必須了解昆蟲的生活場所、生活方式、活動時間等，讓我們來了解自己住處的附近有哪些昆蟲，另外，公園、雜樹林、旱田、水田等不同的環境下，昆蟲的種類會有哪些變化呢？

用陷阱採集昆蟲

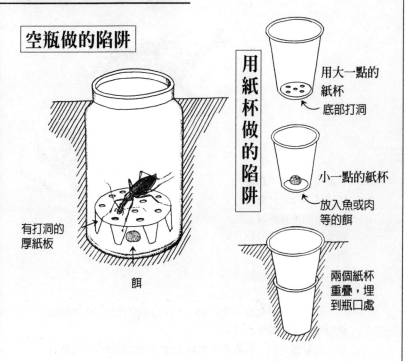

空瓶做的陷阱

用紙杯做的陷阱

有打洞的厚紙板

餌

用大一點的紙杯

底部打洞

小一點的紙杯

放入魚或肉等的餌

兩個紙杯重疊，埋到瓶口處

多數在地面上爬行昆蟲都會在夜間活動，在家裡的庭院或附近的空地，也都躲藏著平常不易見到的昆蟲，比起花草繁茂的地方敞開、光亮的地方，反而是昆蟲較長活動的場所，利用廣口的空瓶或埋在地下的紙杯，然後等到早上。若晚上可能會下雨的話，別忘了要在瓶子上蓋上防雨的罩子。

獨角仙、大甲蟲——在雜樹林中尋找樹汁

　　獨角仙、大甲蟲是屬於日本 8000 種甲蟲類中的兩種昆蟲。獨角仙、大甲蟲的食物是樹木的汁液，所以它們都聚集在柞樹或小橡樹中。

　　樹汁是由樹葉製造出來的糖汁，在通過樹幹時，由樹幹的缺口滲出甜甜酸酸的汁液。

　　在雜樹林中，若看到柞樹或小橡樹的話，就可以尋找有樹汁流出的樹木。

　　發現到這樣的樹木之後，用腳底用力的踢一踢，在樹葉上或樹枝上休息的獨角仙或大甲蟲大概就會霹靂啪啦的掉下來了。

　　獨角仙及大甲蟲都是夜行性昆蟲，所以在夜晚或黎明之時比較容易看到它們在吸取樹汁的模樣，另外，在白天它們常會藏在樹根之處落葉的下方。

蝴蝶－守候在其必經之路上

採集蝴蝶的最好時機，是在燠熱的晴天，而且是 9點－12點左右，當然依其種類的不同而有不同的採集時機，有的在白天會躲在樹蔭下，只有在清早或黃昏時才出來活動。

蝴蝶的活動場所非常多，包括百花盛開的地方、樹汁流出的地方或積水處、雜樹林的向陽背風處、易於眺望的山腰、山脊等。

當你走在樹叢間或是沿著溪澗的小路，可能會看到大型的黑風蝴蝶橫飛過你的面前，這個時候不要急著去追它，要稍微等一下，所謂 "蝴蝶的必經之路"，是指它會在一定的路徑上飛來飛去，所以要慢慢地、耐心地等待。

花的四周是捉蝴蝶的最好地方，因為他們要採集花蜜，蝴蝶的種類不同，會選擇不同的花來探蜜，所以只要調查好各種蝴蝶各自喜歡的花朵，就比較容易捉到所想要的蝴蝶了。採集停在花或葉子上的蝴蝶時，不要將網子由正上方往下蓋，要由側面像撈東西一樣的快速抓起來。

若停在地上的話，則由上方將網子蓋下去，當它飛到正中間時，抓住網子的前端，使網子蓬蓬的，當蝴蝶被趕到網子底部時，再將網子封起來。

正在飛的蝴蝶活動性很強，所以要靜靜地接近它，在後方將網子準備好，配合蝴蝶的移動將蝴蝶慢慢地撈起來，若這邊揮揮、那邊揮揮的話，蝴蝶就會跑掉了。

蜻蜓─(動作要快) 1 次決勝負

蜻蜓會在附近的森林、原野、水池、沼地、濕地、水田、水質清澈的河川等活動，而無風晴朗的中午是它們最活躍的時間。

世界上有5000種蜻蜓，而其中日本約有180種，日本最大的蜻蜓是鬼蜻蜓。

蜻蜓的眼力很好，尤其是大型的蜻蜓，而且牠的飛行力也是很強的，所以出去捉蜻蜓前，要先練習快速揮網的動作。

捕蟲網的柄最好是不要太柔軟的木製竿子；網子則最好是沒有阻力的尼龍網子。

蜻蜓在白天時不會固定的停在草地上或葉子上，所以要訓練在飛行的時候就能夠捉到，要由後方快速地像在撈東西一樣的揮動網子，一次揮網落空的話，蜻蜓就會立刻逃之夭夭了，所以是一次決定勝負。

若捉到雄蜻蜓，可以在它腹部繫一條線，然後讓它飛，那麼雌蜻蜓就會靠近雄蜻蜓的周圍，在雌蜻蜓的腹部繫一條線，然後讓它飛的話，雄蜻蜓就會靠近雌蜻蜓的周圍，這兩種方法都很容易抓到蜻蜓，這等於是 "釣蜻蜓"。

蟬—由蟬鳴聲尋找蟬的蹤影

蟬也分成很多種，其身長、形狀、翅膀顏色、鳴叫時間也因種類的不同而不同，在抓蟬之前，要先記住 6 種具代表性的蟬的特徵。

螇蚸・・・

小而扁平的蟬，翅膀像木頭的紋理；故較不容易被人發現，叫聲是小聲的 "呢—— 呢——"。

秋蟬・・・

叫聲是連續的 "嘰——"，身體黑，翅膀是茶褐色的，是最容易看到的大型蟬。

黑蛺蟻 (寒蟬)・・・

叫聲是 "吃咕吃咕" 或 "哦—— 嘻 —— 吃咕吃咕"，翅膀是透明的，身體是黑色的。

蛺蟻・・・

叫聲是 "嗚 – 嗚嗚"，翅膀是透明的，身體是綠色的，且有黑色的斑點。

茅蜩・・・

早晨及傍晚時會叫 "卡那卡那卡那"，出現時間為 6 月末至 10月，翅膀是透明的，身體是淡綠色的，並且有褐色的花紋。

蚱蟬・・・

身長 47 公厘，是日本最大的蟬，會大聲的叫 "蝦蝦蝦"，生長在關西、四國、九州、沖繩。

蟬剛開始叫時，會比較小聲，然後會愈來愈大聲，叫聲很大時，是抓它們的最好時機。

收集自然景物

樹葉的版畫

帶著素描簿 1本，彩虹筆、蠟筆走訪森林，當然可以直接素描葉子，或畫風景畫，但你還可以做 "樹葉版畫"。

在葉子上放紙，然後用彩虹筆或蠟筆摩擦，葉脈就會清晰的浮現在紙上了。

樹皮也可以這樣做，不管樹皮有沒有拔掉，樹皮的紋理都可以看得很清楚。

用壓過的葉子做版畫

將樹葉壓幾個小時（壓太久的話，葉脈會擴大，所以不要壓太久）將葉子反面放在報紙上，然後用畫具塗一塗，然後將葉子移到乾淨的報紙上，接著將要壓印的紙輕輕的放在葉子上，如此便完成了樹葉的版畫。

製做植物花紋紙

將樹葉放在厚紙上，蓋上一張面紙，在其上方輕輕地塗上稀釋過的漿糊（稀釋 50%），乾了之後就變成一張有植物花紋的紙了。

印製花的顏色

試著將花的顏色印在紙上吧！將花放紙上，然後將玻璃紙放在上面，再用紙夾住，然後用榔頭輕輕敲一敲，將花瓣輕輕地拿起來之後，花的顏色就會印在紙上了，如此可做成許多種有花的書籤。

製作各種標本

種子或果實的標本

將草的種子經由日曬使其乾燥之後，存放在瓶子裡，柞樹、小橡樹等果實與黑松、落葉松一樣，乾燥之後再保存，這是為了防止果實長黴，對於種子或果實而言、黴菌是它們最大的敵人。

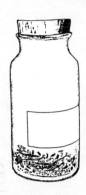

樹皮標本

將樹皮剝掉之後收集起來也是滿有趣的，有的如白樺樹一樣，一眼就看的出來；有的如松樹一樣，同樣是松樹又分成黑松、落葉松，顏色都不逕相同。樹皮的紋理也因樹而異。若發現蟬或蜻蜓蛻下來的殼或蓑衣蟲的"蓑衣"，可以將其附著的草或樹枝一同保存起來，若尋找草叢的話，或許還會看到蛇蛻下的皮喔！

鳥羽毛的標本

放在信封中或貼在相片中，可以寫上"拾獲地點"，然後與圖鑑對照，寫上"鳥的名稱"及"身體哪個部分的羽毛"。

貝殼標本

在海岸邊散步，可以收集到變白的貝殼、表面有光澤的貝殼、兩片合起來的貝殼、螺旋狀的貝殼等多種不同形狀的貝殼。收集的方法是將貝殼標本先一個一個放進小箱子，然後再一起放到大箱子。也可以收集海草標本。

在河中玩水

　　試著在小河、小池子、水田等處抓蝲蛄吧！只要將乾魷魚綁在線上當做餌，蝲蛄就會輕鬆上釣了喔！使用網子時，祕訣在於要從後面撈起，因為蝲蛄會游泳、會跳、會步行，它在跳的時候會用尾巴的力量往後跳，所以用網子在後撈，蝲蛄就會剛好跳進網子裏了。

　　在岩石間鑽來鑽去的蝲蛄，或許可說是溪流中寵兒，它們都躲在河川的岩石縫中、落葉下、封閉的洞穴或草叢中。雄蝲蛄身體側面有對很大的螫，被夾到的話會很痛，若把它放在地面的話，它的螫就會放開了。

你可以悄悄地靠近河川中咕嚕咕嚕的石頭，其表面會貼著許多龍蝨或水蝨的幼蟲，在流速緩慢的河底裡，泥土與砂土中可以找到泥鰍，只要用鏟子或竹簍連泥土一起撈起來的話，就可以抓到了。

順著流水徒步

讓我們沿著河川健行吧！其實不僅是健行，還可以看地圖，計畫沿著水渠步行、尋找水源的行程或著探尋上游連接到何處的行程。

一條河川可分上游、中游、下游、源流、支流等很多個部分，在計畫溯溪時，要確定好出發點，不可以太勉強，要安全第一。為了多了解實地狀況，在事前要多參考地形圖、導遊書籍，地形圖請用國土地理院發行的 2 萬 5 千分之1 或5 萬分之 1 的地圖。

想釣魚的人要先想好要釣哪種魚，應該要帶何種的釣線，擬定一個有目標、有計畫的徒步行程。

希望能在水流較淍急、讓水嘩啦嘩啦打在腳上的話，必須選擇中上游的部分，但在河中步行時，要選擇水深及膝的深度，不要太深，且要慢慢地拖著腳走路。

〔防滑〕

綁上繩子

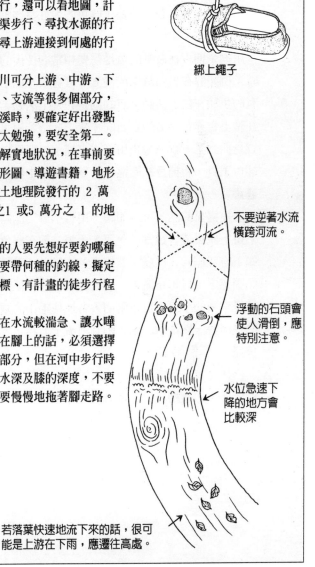

不要逆著水流橫跨河流。

浮動的石頭會使人滑倒，應特別注意。

水位急速下降的地方會比較深

若落葉快速地流下來的話，很可能是上游在下雨，應遷往高處。

不用釣具的抓魚方式

是不是很多人會覺得沒有釣具就不能釣魚呢？其實不用釣具就可以抓到魚了喔！只要了解魚的習性及弱點，就比較容易徒手抓到魚了。

用網子捕捉在游動的魚是需要相當的技術的，但在魚兒不動時，例如躲在岩石縫中或淺灘，就會很好抓了。

有的魚類在白天活動，有的則是在晚上活動，白天活動的魚類在晚上會靠在淺灘的岩石間睡覺，此時若用水中燈一照，就很容易抓到了。雖然禁止用陷阱來捕魚，但可以使用"筌"這種捕魚工具，將捕魚範圍縮小，然後在筌中放入魚餌，就可以等著魚兒上釣了。

要抓鰻魚的話，可以如圖，用竹子做一個陷阱，然後在鉤針上掛上泥鰍或青蛙當做魚餌，再將之放在鰻魚可能會潛藏的石頭下方或洞穴入口處。若是章魚的鉤針，就要綁上較大顆的石頭固定之，以防止流走。隔天再看看是否抓到了。

若是窄窄的小河，可以兩個人各抓住毛巾的兩端。將毛巾下方貼在河底，然後再一個人跑到河流上方趕魚，這樣也可以抓到魚兒。

古代還有在可能藏匿魚的石頭上方丟下去一顆大石頭，使魚兒嚇死，然後撈魚的抓魚方式，你不妨也試試看。

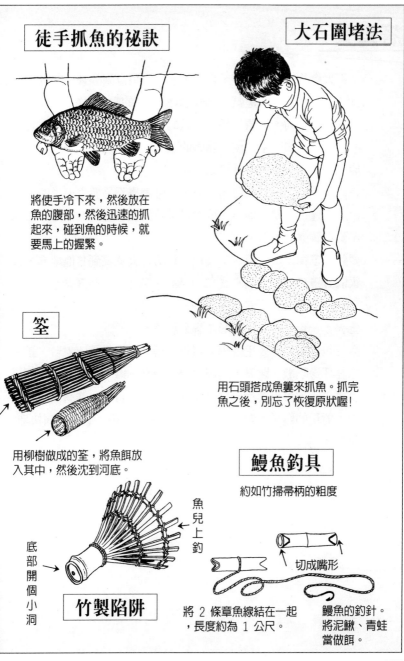

徒手抓魚的祕訣

將使手冷下來，然後放在魚的腹部，然後迅速的抓起來，碰到魚的時候，就要馬上的握緊。

大石圍堵法

用石頭搭成魚簍來抓魚。抓完魚之後，別忘了恢復原狀喔！

筌

用柳樹做成的筌，將魚餌放入其中，然後沈到河底。

鰻魚釣具

約如竹掃帚柄的粗度

魚兒上釣

底部開個小洞

竹製陷阱

將 2 條章魚線結在一起，長度約為 1 公尺。

切成嘴形

鰻魚的釣針。將泥鰍、青蛙當做餌。

187

搭營火

　　營火會將露營活動帶至最高潮，大家可以圍著營火唱歌、跳舞、談天說地、做遊戲，　變成永難忘懷的露營之夜。

依當時的目的、對象、參加人數的不同，搭營火的方式也會有所不同，例如一家人或小團體的話，不必特別規畫，只要大家能圍著火吃飯、聊天就可以了。

在露營地搭營火是很普通的事，但應選擇不易發生火災的地方、離帳蓬遠一點的地方、或者可以看到住家燈光的地方、和聽不到吵雜聲的地方。

要將草割掉，將枯草、落葉拔除以防止火延燒到其他地方，且火的旁邊務必要準備水（ 2-3 桶）。另外，有些露營地禁止使用柴火，故應於事前調查清楚。

營火不一定要搭成井字形才容易燃燒。

而且也並非一定要用營火！可以將搭火的地方搭成舞台，讓大家在那邊唱歌、跳舞，其周圍掛上燈泡、蠟燭、燈籠、火炬等就可以了。可以進行分組表演賽、演戲、合唱，還有只能在晚上才能玩的影子遊戲```等等，有很多種遊戲等著你去痛快地玩耍。

記住營火的搭建方式

使柴火容易燃燒的搭營火方法

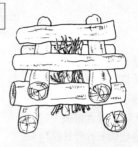

搭營火時,首先要收集乾枯的小樹技,若不夠的話,可以將報紙、瓦楞紙撕開,捲成長條狀來使用。

井字型營火是最具代表性的搭建方法,內側要能夠讓空氣適度的對流,使火可以均勻的燃燒。

木柴不易燃燒時

可將樹枝劈細一點,或加入松脂等樹脂都很有助於燃燒。

用刀子等將木柴削成肉刺狀(即火媒棒)就會變得很容易燃燒了。

點火的地方要稍微開一點。

先從小樹枝開始,漸漸地向外搭粗的樹枝,搭成圓錐狀。

事先務必要準備好預備的木柴及滅火的水。若風很強的話,要確實將火熄滅才行。

搭建爐灶的方法

〔搭建時要考慮到通風問題〕

火務必要完全熄滅才行，即使每天都用同一個爐灶，每一次用完時都要用水或土將火確實熄滅，另外，爐灶切勿放置易燃物。

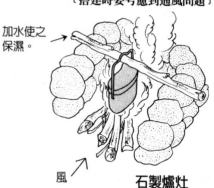

加水使之保濕。

風

石製爐灶

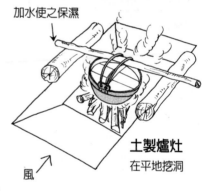

加水使之保濕

風

土製爐灶

在平地挖洞

用兩枝粗的原木。

石製爐灶

要使石頭穩固。

無炊具料理

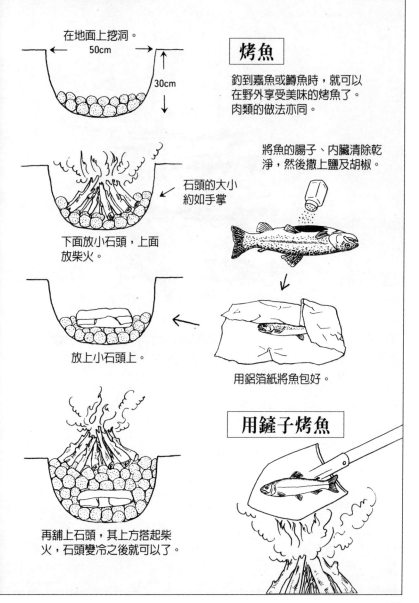

在地面上挖洞。
50cm

30cm

下面放小石頭，上面放柴火。

石頭的大小約如手掌

放上小石頭上。

再鋪上石頭，其上方搭起柴火，石頭變冷之後就可以了。

烤魚

釣到嘉魚或鱒魚時，就可以在野外享受美味的烤魚了。肉類的做法亦同。

將魚的腸子、內臟清除乾淨，然後撒上鹽及胡椒。

用鋁箔紙將魚包好。

用鏟子烤魚

191

木柴的組合方式

木柴的組合方式並沒有一定的規則，可因參加人數，營火的燃燒時間來決定木柴的數量，搭建時要仔細，避免搖搖晃晃，一下子就塌陷下來了。

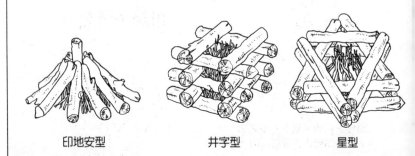

印地安型　　　　　　井字型　　　　　　　星型

試試膽量-測試你的膽量

　　以前的時候，男孩子一到了暑假就會在夜遊時玩一些挑戰膽量的遊戲。

吃完晚飯之後，大家會各自帶著寫上自己名字的紙條，集合在一起，然後沿著決定好的夜遊路線走到廟堂前或墳墓邊，放上寫好名字的紙條。

　　較大的孩子會在行經的路線中躲起來，用濕毛巾抹臉、搖晃破的燈籠或披上白布等來嚇唬大家。

現在在營火晚會之後也常會安排"嚇人"的遊戲，只是玩法有點不一樣而已，但其實真正可怕的是在無人的夜晚，一個人到森林裏，這時才真正需要膽量。

　　在玩"嚇人遊戲"時，要先在亮的地方決定好路線及規則，之中若有比較小的孩子，應以 4、5 個人為一組，避免迷路或走失。

令人毛骨悚然的鬼怪傳說

大家圍著營火，準備開始進行"嚇人遊戲"時，說鬼故事是使大家進入情況最有效的方法。

要使鬼故事真的很恐怖的話，最重要的是要看講故事的人的說話方式，講故事的人若是說得很大聲、很清楚的話，那就一點也不恐怖了，講故事時，速度不要太快，要一字一句慢慢地說。

在此舉例的故事，可以用平常說話的語氣來講，或當做自己的經驗談來講。

現在雖然很少見了，但鄉下還是可以看到非沖水式馬桶，是要自行挑肥的廁所吧！在夜晚昏黃的燈泡下，噗通的一聲，真令人毛骨悚然，在以前的醫院、小學裡也都會有這樣的廁所。

現在要講的就是有關這個的故事。

事實上，這樣的廁所常傳說有許多恐怖的故事，因為馬桶下面會伸出令人寒毛直豎的手。

而我的親身經歷是發生在湖邊的廁所。

其實我原本一點也不曉得這件事，是在我上完廁所時，突然下面伸出一隻手，用很低沉、嘶啞的聲音呼喚著我，說"紙、紙，給我一張衛生紙"，我當時是毛骨悚然。

這時已嚇得不知道該做什麼，然後一隻如寒冰的手就摸著我的屁股，一直說著"紙、紙，給我一張衛生紙"，它是男的聲音。

我聽到它好像是要衛生紙，於是我順手拿了一張紙遞過去，那隻手，拿了那張紙之後，就咻地縮了回去。

正在想沒事了沒事了的時候，馬上手又咻地伸出來，一樣是用低沉的聲音說著"紙、紙，給我一張衛生紙"，我把紙一遞出去，那隻手咻地將紙又拿走，又咻地伸了出來，然後重覆地說"紙、紙，給我一張衛生紙"。

不曉得過了多久，最後只剩下一張紙，我正在苦惱怎麼辦時，那隻手咻地伸出來，說著"紙、紙，給我一張衛生紙"。

我雖然很困惑，但還是顫抖地將最後一張紙遞了出去。這時那隻手快速地衝出來說（大聲地說）「不是那張紙，是你的頭髮！」，就把我的頭髮給拔走了。（註：紙與頭髮同音）或許有人說這是無聊的笑話，雖然也沒錯，但這也可算是"鬼怪傳說"。

我想大家都至少會知道一、兩個以上鬼故事，這時就可以聚集 3、4 個朋友在夜晚時到帳棚、有月色的海邊等地方，暢快地說個夠。

鬼故事的目的在於使聽鬼故事的人嚇到，所以除了故事精彩之處，講故事的人的說話技巧也是非常重要。

這個"頭髮"的故事，雖然從文字上傳達不出什麼恐佈的感覺，但實際上講故事的時候，可以比出由下往上伸出手的動作，在最後說"是你的頭髮！"時，可以大聲喊，並抓住在旁豎耳聆聽的人的頭髮。

這就像在暗處大聲"哇！"的嚇人一樣。講故事的人之前都是小聲地講，然後突然伸出手抓住聽故事的人的頭髮，一定是滿可怕的，10 個人聽，10個人一定都會發出慘叫聲的喔！

尋找、烹煮山菜及野菜

　　全家一起出去採野菜囉！它可以讓你同時享受健行，採野菜、烹煮的樂趣。鞋子方面，可以穿著慢跑鞋，但為了方便進出草叢，最好穿著"徒步鞋"（輕型登山鞋）；登山背包方面，可以背 Rebark 等的小型背包。

　　採山菜的首要必需品是粗布手套。這是絕對不能忘記帶的工具，接著要帶可折式的小刀，園藝用的鐵鏟，放山菜的簍子（塑膠帶也可以），再準備一本彩色的植物圖鑑。

山菜、野菜的料理方法

野菜會有它獨特的味道，但這是天然風味，吃習慣的話，你可能會愛不釋口。

1) 去除澀味。尤是山蕨葉或紫萁，其澀味非常重。首先用多一點熱水清燙，加入 1 小匙碳酸氫鈉（在藥局可以買到），放一整天，然後用水洗乾淨，其他種類的野菜只要加入少許的鹽，清燙之後，用水洗一洗就可以了。

2) 最可以享受野菜風味的是涼拌青菜。將 2 杯或三杯醋、甜醋、醋味噌等充分拌勻，就可做成野菜的沾醬了。

3) 炸野菜是適合各種野菜的料理方法。用油炸的話，會去除澀味，但也會失去野菜原始風味，所以麵皮要儘量薄一點（單面就可以了），且快速炸一下就好了。

4) 與炸的方式相同，用油炒的也是適合各種野菜的料理方法。
　　在市區內也是可以採野菜，只要你先了解你每天經過的道路長了哪些草就可以了，你不妨試著邊散步邊採野菜吧！

可食用的野菜

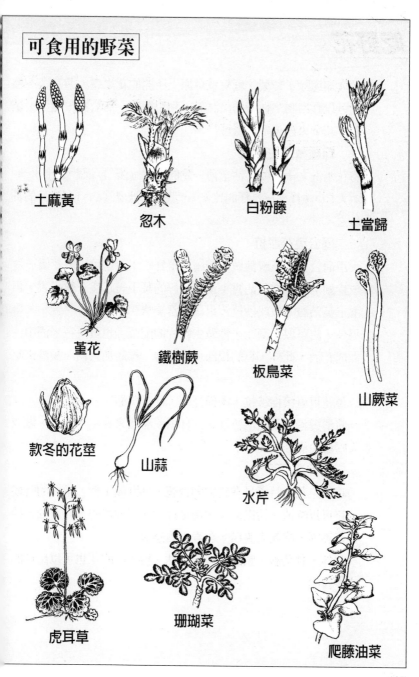

土麻黃

忽木

白粉藤

土當歸

菫花

鐵樹蕨

板鳥菜

山蕨菜

款冬的花莖

山蒜

水芹

虎耳草

珊瑚菜

爬藤油菜

吃野花

你知道除了野菜、庭院或草原上所開的花之處，還有很多種花可以食用嗎？你不妨試試看，利用菊花、蒲公英、梔子、董花等花朵來做天婦羅或沙拉。

炸薔薇及山茶花

將花水洗之後瀝乾，沾上薄一點的麵皮（蛋 1/2個， 冷水 4-5 大杯，麵粉 1/2 杯的比例），然後用低溫（約 140℃）的油炸之。

蒲公英花沙拉

用蒲公英的花或葉做天婦羅也很好吃；但還可以將花瓣一片一片剝下來，拌入沾醬；或與切碎的葉子一起盛在盤子裏，再淋上美乃滋，做成沙拉，也是非常美味。

另外，它可取代菊花，當做生魚片的配菜，也可浸在米酒中，做成花酒，此外，它的根部可像牛蒡一樣的加入糖、鹽炒來吃。

董花可直接拌沙拉，不僅好吃，而且美觀。

將清燙過的董花沾醬油、三杯醋或甜醋來食用，當然，做成天婦羅也滿好吃的。

醬拌油菜花

吃油菜花的時機是在它中間含苞、外圍開了一、兩圈的時候，它可以醃漬、清燙之後，用涼拌的、用油炒的、拌醬油、拌芥茉等等，吃起來爽口，有春天的感覺。

此外，甘葛藤、鴨跖草、山慈姑、粉藤等的花也可以用炒的或拌醬的。

野草糰的做法

材料(20-30個份)
優質米粉　130 公克
糯米粉　30公克
鹽少許
溫水　100cc
艾蒿　50公克
糖　40公克
紅豆餡

④用加入少許碳酸氫鈉的熱水將艾蒿燙熟，然後將之切碎。

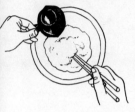

①在缽中放入優質米粉、糖、鹽，一邊一點一點地倒入溫水，一邊放入材料攪拌。

⑤將艾蒿加入蒸熟的糯米糰，快速的搗勻，因為糯米糰冷了就不好搗勻了。

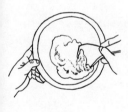

②用木杓充分拌勻。

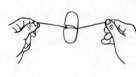

⑥放在砧板上搓成棒狀，用棉線切斷然後裝在盤子上。

③為了讓蒸氣能蒸透糯米糰子，其大小要適當，用蒸籠蒸25分鐘左右。

撒上紅豆餡之後，便可食用。

火柴遊戲 2　會？不會？

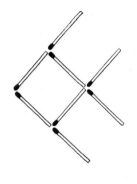

問題1　圖上有隻用 8根火柴棒排成的神仙魚。

①移動其中兩根，使神仙魚朝上或朝下。
②移動 3根，使神仙魚往反方向。

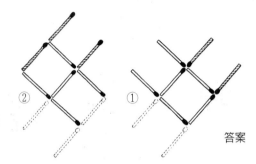

② ① 答案

問題2　圖上有隻用11根火柴棒排成小豬。

①移動 2根，使小豬向後。
②移動 2根使小豬恢復原狀，再移動 2根，
　使小豬睡午覺。

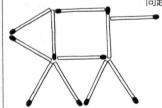

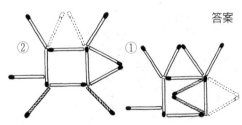

② ① 答案

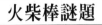

火柴棒謎題

游泳前的注意事項

　　在大自然蔚藍的天空下、清澈的綠水中游泳，所獲得的樂趣是在游泳池中游泳的人所無法體會的，但它有許多必須注意的事項。

① 必須充分做好暖身運動。

② 要由腳開始慢慢進入水中。

③ 事先要調查好水流情形及其深度。

④ 不要在河底有岩石的地方游泳。

⑤ 尤其在海上，必須特別注意水溫落差很大的地方。

⑥ 要跳水的話，要先知道水的深度。

⑦ 海草很多的地方可能會絆住腳，非常危險。

⑧ 在海上游泳時，要與海岸平行地游，即使自認游泳技術很好的人，深度也不要超過胸部，另外，不要一直往海的方向游，這樣很危險，游往海的方向比較容易，回來的話，就必須花一倍以上的力氣。

⑧ 海邊會有有刺的魚，有刺的海膽，應特別注意。

⑩ 不要單獨一個人到海邊或河邊。

此時不要恐慌

被大浪捲去時—身體蜷成圓形，浮在水面上。

腳抽筋時—腳趾抽筋時，抓住拇指用力往膝蓋方向拉進再推出，然後重覆做。

小腿抽筋時，用力地按住腳掌心。不抽筋之後，也不要立即游泳，要緩緩地浮水上，以消除疲勞。

　　海邊的紫外線很強要避免刺痛眼睛，在日照強烈的地方游泳時，爲避免立即曬傷，應偶而出水，至有陰影的地方休息一下。

在海邊玩砂

砂製水壩

<玩法>在岸邊挖砂，將湧進的水浪趕進去，然後用砂圍起來，做成小水池，水池的四週用砂堆高，就變成了水壩，池中的水變熱之後，就像在浴缸洗澡一樣。若開始時，在中間堆一個砂山，做成一座城堡，然後引進水，圍在城堡外，就變成護城河了。

砂製三溫暖袋

似乎是睡在熱呼呼的砂床上，再蓋上很重的砂製棉被。

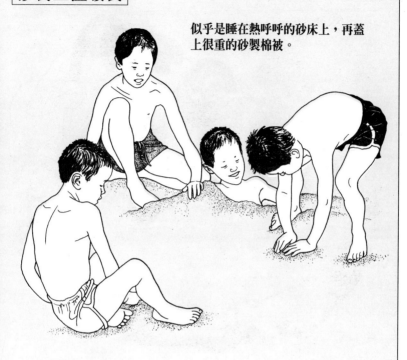

<玩法>砂之所以好玩，在於它很容易做成各種形狀，又很容易將之毀倒，就像札幌的雪祭一樣，我們可以用砂做成很大的雕刻作品，只要有鏟子和水桶，多大的東西都可以做。將朋友埋在砂裡，看能憋多久的比賽，也是在海邊可以玩的遊戲。

藏字遊戲

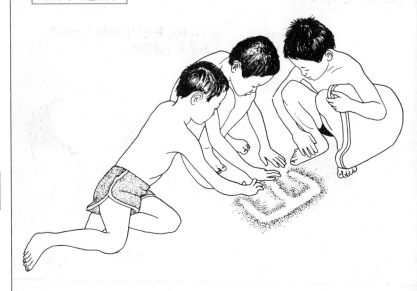

　　<玩法>先決定用平假名或片假名，用棒子在砂上寫字，然後用砂輕輕的字蓋起來，然後交換位置猜猜是什麼字。

　　也可以玩藏鐵釘遊戲，就是在既定的圓圈當中，埋入小小的鐵釘，然後當鬼的人要將鐵釘找出來的遊戲。

　　此外，在以前也有一種叫"盜砂"的遊戲，就是用砂堆一個小山，其頂端插一根棒子，然後在棒子不倒的情況下挖砂，看誰挖的多，誰就贏了。

做砂球

由上輪流讓砂球向下墜落

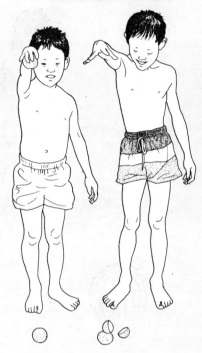

將濕的砂包放在中間，外
面用乾的砂將砂球固定。

<玩法>用砂和水做成堅固的砂球，不管大小，只要
由上墜到地面破掉的話，就算輸了。祕訣在於要將乾
的砂重覆的抹在外面，才會使砂球堅固。此外，也可
以在沙灘玩辦家家酒，先堆一個砂山，在頂端開個洞
，在將水倒入其中，就變成砂製的碗了，倒入水之後
，將旁邊乾的砂挖走是做砂碗的祕訣。

切西瓜

<玩法>這是海邊最具代表性的遊戲,所以可以說是人盡皆知的遊戲。被矇眼的人要轉三圈,然後開始尋找西瓜,向左、向右、向前進一步或兩步,決定目標之後,用棒子打下去。距離西瓜 5公尺的距離最適當,距離太遠的話,怎樣也打不到。

多種水中遊戲

覺得呼吸不過來的前幾秒鐘開始，要一點一點的吐氣，以延長潛在水中的時間。

憋氣比賽

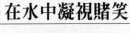

這個遊戲是在比看看誰憋氣憋得最久。另外，可在小石頭下綁上一塊布，使小石頭不會一下子跳下去，然後彼此潛到水中搶那顆小石頭。

在水中凝視賭笑

憋氣比賽可與凝視賭笑合一起玩，笑出來的話，就憋不了氣，比賽也就輸了。

水中排球

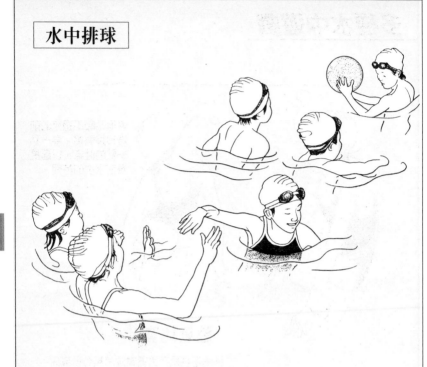

　　<玩法>也就是在水中打排球,若人數少的話,可以準備一個籃框打籃球,或是打躲避球,若沒有海灘球的話,可以玩水中的抓鬼遊戲。大家將整個身體潛到水中時,鬼不可抓他,身體任何一部分浮出水面而被抓到的話,就要當鬼,往海的方向游去的話算犯規。

水中騎馬打戰

<玩法>在水中玩騎馬打戰的話，即使摔倒了也不會痛，所以你大可放心。三人一組，要將對方騎馬的人推打下去。作戰的方式有很多種，可以與對方扭打成一團，或將當馬的人的腳絆倒。另外，可以仰躺在救生圈中，掌握腿相撲的技巧，1對1的比賽腳力，這也是很好玩的遊戲。還可以將救生圈連接在一起，打團體戰。

水中拔河

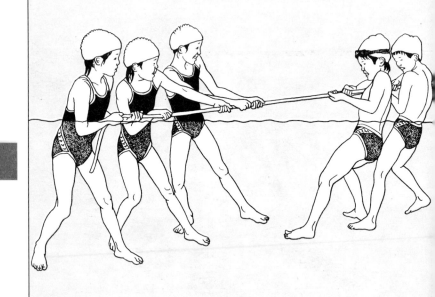

<玩法>在水中容易滑倒，且身體會浮動，所以不好使力，中途若有大浪過來，使團隊的力量分散的話，遊戲還是要繼續進行，也可以拿一根棒子來做互推的遊戲，這也蠻好玩的。儘量到深一點的地方玩，因為水有阻力，可使困難度增加，趣味性也就增加了。

蜻蜓點水 〔丟石頭〕

<玩法>石頭要儘量與水面平行，斜度太大的話，石頭就不容易在水面上跳動了，身體要放低，沿著水面側投石頭，石頭就像是在親吻水面一樣的跳跳跳，像鐵餅一樣的跳向遠方。用拇指及食指拿石頭，且食指用力，石頭就會旋轉喔！

挑戰木筏遊戲

製作木筏的重點在於選擇堅固又有浮力的材料,將竹子、原木、汽油桶、發泡樹脂、廢輪胎等,用繩子或木材確實地綁牢固即可。

① 牛奶瓶木筏

收集空的牛奶瓶來製作木筏,要自己先測試看看讓一人浮起來需多少空的牛奶瓶。

要用釘書針將瓶口釘好,並用膠帶封口,以防止水滲入瓶子中。

你可以做成任何自己喜歡的形狀,只要用膠帶一一固定,連接好就可以了。

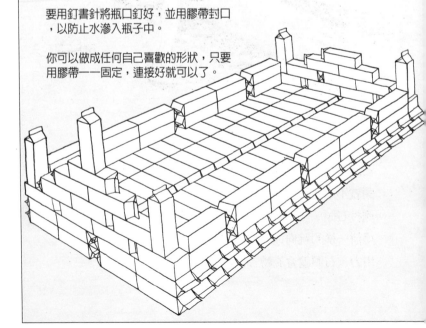

各種木筏

② 原木木筏

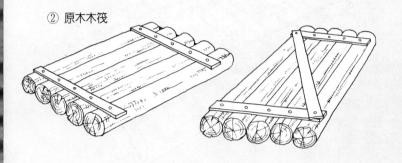

③ 廢輪胎木筏

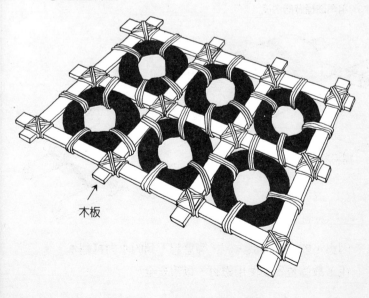

← 木板

④ 發泡樹脂木筏

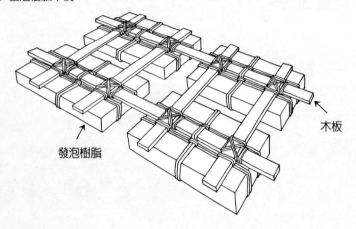

發泡樹脂

木板

⑤ 用汽油桶做的木筏

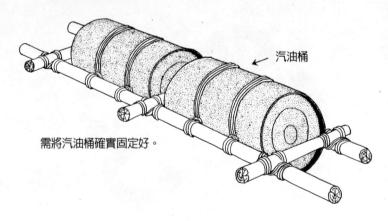

汽油桶

需將汽油桶確實固定好。

因為可能會被海浪・・・等意想不到的水力打翻木
筏，故儘量不要使用鐵釘，以策安全。

烹煮海鮮

在風大的日子的隔一天早晨，若到海邊去，就可以看到許多被打上岸的海藻，海藻是營養價值高的健康食品，所以把它採回家，好好的料理一番吧！

將昆布、裙帶菜、羊栖菜等用水洗淨之後，曬 2-3天就可以了，這些做好的乾貨可放在空瓶子或塑膠袋保存。

醬味昆布···　1)洗淨後，用水浸泡 5 分鐘，泡軟後，切成適合吃的大小。　2)將浸泡昆布的水加入 1湯匙的醋，然後煮開。　3)加入糖、醬油、鹽、酒，蓋上鍋蓋，用小火煮到沒有湯汁為止，再充分拌勻，經過 20分鐘以後就完成了。

涼粉石花菜···將深紅色的石花菜洗了之後再曬，曬了再洗，10 天過後，顏色就會褪去，變成白色的。取適量的石花菜，洗淨後放入鍋中，加入水及一點點醋，然後煮沸，煮到沒有粘性之後，用篩子過濾，然後再用毛巾濾篩一次，涼了之後就可以了。

兩杯醋海帶莖（加入醋及醬油）···將海帶莖用熱水燙過之後，馬上變成綠色的，切細之後沾醋就可以吃了，若攪拌它的話，會像納豆一樣變得粘粘的，如此可讓你嚐到海的味道。

魚乾···做法很簡單，一定要記起來喔！
1)選好新鮮的魚，先將內臟及鰓去除。　2)用菜刀沿著魚骨將魚剖開。　3)用鹽水洗淨之後，加入薑汁、鹽和水，浸泡 15分鐘。　4)放在篩子上瀝水之後，用繩子吊起來，使之風乾3-4 小時即可。若要保存久一點的話，風乾時間可以再久一點。

退潮時在淺灘捉魚貝的遊戲

說到撿貝殼，很多人都會馬上想到蛤仔，且認為貝類除了蛤仔之外都是不能吃的。

其實海中除了蛤仔及蛤蜊之外，有許多大大小小螺旋狀或兩片貝殼的貝類，或許你會想這種貝類不常見，所以不能吃，或者不要吃比較好，雖然有些貝類與味噌不太對味，但大多數的貝類只要煮過之後就沒有問題了，可以沾芥茉、醬油來吃，也可以勾芡後炸來吃，另外，煮成醬汁也很適合。

在海邊可以撿到可以吃的螺旋貝，包括疣狀貝、石階貝、蓆貝、熊子貝、高腰貝、蝦狀貝、甜貝等，只是疣狀貝很苦澀，最好去除內臟之後再吃。

只要用熱水煮熟，再用牙籤或小叉子挑出就可以食用了。
海邊有許多種螃蟹，但可以食用的並不是很多。

有一種聚集在岩石裂縫中貝類叫龜手，是蠻不錯的一道美食，用鹽水煮熟，剝殼去皮之後，吃它粉紅色的部分，它淡淡的潮水味，會經由牙齒的一咬而四溢在唇齒之間。

在海邊除了撿貝殼之外，還可以去尋找這可以吃的貝類。

但在海邊撿貝殼，也有危險性，所以要穿防滑鞋，戴軍用手套，到海中時要穿運動鞋，且要注意大浪的來襲。另外，到海邊前，要先調查好漲潮、退潮時間。

可食用的貝類

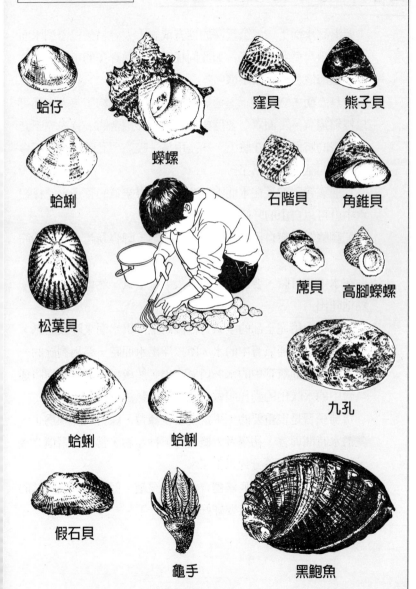

蛤仔

蠑螺

窪貝

熊子貝

蛤蜊

石階貝

角錐貝

松葉貝

蓆貝

高腳蠑螺

九孔

蛤蜊

蛤蜊

假石貝

龜手

黑鮑魚

潛水—海中探險樂趣多

要潛到水面下 20 公尺深的地方或許不太容易，但潛到水面下 30 公尺就容易多了，如此同樣可以看到許多的魚類與小生物，讓海底世界盡收眼底。

工具方面，只要面罩、通氣管、腳鰭三樣就夠了，人人都可以輕鬆擁有。"面罩"要選擇與自己臉形相合的，首先，不套上皮帶的將面罩戴在臉上，然後用鼻子吸氣，此時，面罩不會掉下來的話就算合格了。

"通氣管"就是在水面下游泳時，取得空氣的管子，這樣在水中就可以自由的呼吸了。

"腳鰭"若與自己的腳大小不合的話，腳容易起水泡或抽筋。

在水中潛行時，要由通氣管吸入大量空氣，然再慢慢一點一點地吐出。

在潛水中用完全部的空氣，然後馬上浮出水面來呼吸的話，會呼吸到積在通氣管中的水，所以浮出水面時，要用剩餘的一點點空氣將通氣管中的水一口氣吹出，然後再吸氣，這種將通氣管中的水吹出的動作叫做"通氣管換氣法"。

這種練習是很重要的，平常就要多練習，練習到熟練為止。就潛水時間而言，初學者大概是 30 秒左右，當然，習慣之後，就可以增加至 1分鐘以上了。

自己不親身體驗，無法體會潛水的樂趣，但它要耗費相當的體力，所以累的話，就要好好的休息一下。

海中探險去

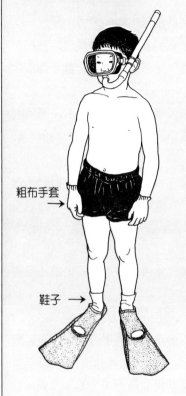

粗布手套 →

鞋子 →

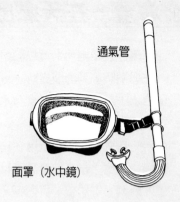

通氣管

面罩（水中鏡）

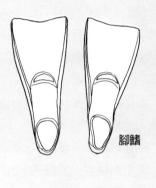

腳鰭

製作水鏡

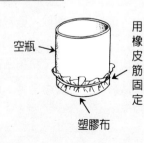

空瓶

用橡皮筋固定

塑膠布

觀察海濱——在天然的水族館中遊戲

　　海濱可說是地球上可以觀察到最多種生物的地方。

　　在退潮時，到海濱去時，可以看到許多岩石間或窪地裡都滯留海水，這個叫做“退潮滯水處”，這是非常適合觀察海濱生物的地方。

　　若有退潮滯水處，就蹲在它的旁邊，然後往水中看，等到眼睛慢慢適應之後，就應該可以看到躲在海草、石縫中的魚、蝦子、螃蟹、寄居蟹、貝類等。

　　若只是在海濱散步的話，可能會看不到什麼東西，但除了退潮滯水處之外，有些生物會從洞穴或砂石中鑽來鑽去，你只要靜靜地等待，就會看到了。

觀察時的注意事項

　1）要穿運動鞋或長統鞋等，因爲水邊會有很多碎玻璃或貝殼等讓人受傷的東西。

　2）手要戴粗布手套。

　3）要戴帽緣寬大的帽子，因爲海邊的日照很強。另外，要繫上帽帶，因爲海邊的風也很大。

　4）萬一受傷的話，OK 繃及藥膏當然是不可少的，要先用乾布擦乾之後再貼，所以毛巾也是不可或缺的，一起將這些放入塑膠袋就很方便了。

　5）做記錄用的筆記本要儘量小，最好是方便放入襯衫口袋的大小。

　6）爲了知道漲、退潮時間，所以需要有手錶，防水手錶當然是最好的，若沒有的話，可以將錶放入塑膠袋中帶著。爲避免意外發生，要隨時注意潮汐情況。

注意海中的危險生物

刺鰻

被它的背鰭或胸鰭刺到的話，
可能會痛上好幾天。

用尖銳的牙咬東西

韌魚

鳥帽鰹魚

水母

虎頭魚

其背鰭及胸鰭的刺有毒

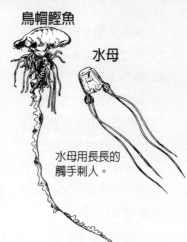

水母用長長的
觸手刺人。

河豚

其鰭的刺有毒

吃起來好吃，但被夾到
的話，可是會流血的。

石蟹

刺膽

海膽的一種，有毒

電子計算機遊戲

會？ 不會？ 知道？ 不知道？

依下列步驟計算的話，可以算出出生年月日。

1）出生年加4。

2）其答案乘以20。

3）再加20。

4）其答案乘以5。

5）再加 50。

6）其答案加上出生月份。

7）其答案乘以4。

8）再加上40。

9）其答案乘以 25。

10）再加上出生日期。

11）其答案加上416。

12）最後除以神祕的數字 56416。

然後唸出計算出來的數字（用西元年、明治、大正、昭和等年號皆可。）

依下列步驟計算的話， 可以算出身上帶著的 100元以下的零錢數及年齡。

1）年齡乘以2

2）其答案加5。

3）再乘以50。

4）其答案再加上 100元以下的零錢數。

5）再減去一年的天數 365。

6）其答案再加上 115。

左邊二位數是年齡，右邊二位數是零錢數。

傳統遊戲

曬太陽取暖與傳統遊戲

冬天的遊戲場所當然是向陽背風的暖和處，雖然說"孩子是風之子"，但大家都會自然而然地就聚集在太陽煦煦照耀的廣場來，只要有1、2個人在曬太陽取暖，不知不覺中，大家就會跟著過來，那裡就變成了大家遊戲的地方了。

許多傳統遊戲就是在這種大家聚集的場所流傳下來的，它的起源很早，在你父母親小時候就有的遊戲。

例如紙牌就如其漢字 「面子」一樣，是由仿製人類臉孔 「土製面具」而產生的遊戲，那是江戶時代開始有的東西，而現在的紙牌是由江戶時代開始流傳的遊戲。另外，陀螺是平安時代就有的古老遊戲。

像這樣追溯傳統遊戲的沿革的話，有的甚至是 1000 多年以前開始，然後流傳至今的遊戲。

在江戶時代的遊戲書中就記載了 300 多種像現在大家在玩的躲迷藏等遊戲 。

這麼古老的遊戲，現在的玩法還是一樣，你會不會覺得有點不可思議呢？古代綁著髮髻的小孩子，和現代小孩子玩著同樣的遊戲，不是很有趣嗎 ！

傳遊戲就是大家聚集在一起之後，可以先討論要玩什麼，決定之後再找出適合該遊戲的場地，然後配合該場地，大家提出使遊戲更好玩的玩法及規則，大一點的小孩可以讓小一點的小孩，想出可以讓大家玩在一起的遊戲規則。

若是比較難的遊戲，可以請父母教你，他們一定都知道。

紙牌

猜拳決定出牌的
先後順序。

〔拿紙牌的方法〕

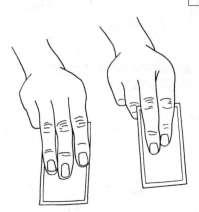

翻牌

將對方的紙牌翻面之後就
可以拿牌。也稱為背面、
翻面、翻牌。

翻成背面就可以拿牌。

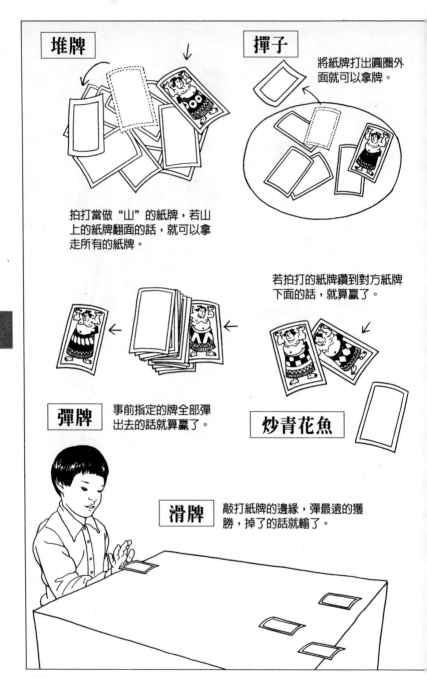

堆牌

拍打當做"山"的紙牌,若山上的紙牌翻面的話,就可以拿走所有的紙牌。

摔子

將紙牌打出圓圈外面就可以拿牌。

若拍打的紙牌鑽到對方紙牌下面的話,就算贏了。

彈牌

事前指定的牌全部彈出去的話就算贏了。

炒青花魚

滑牌

敲打紙牌的邊緣,彈最遠的獲勝,掉了的話就輸了。

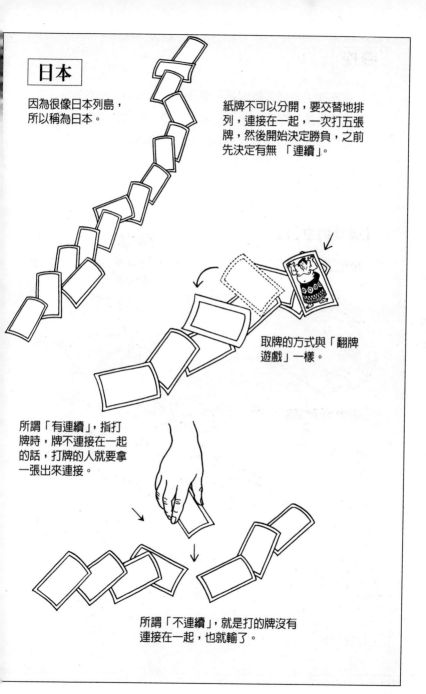

日本

因為很像日本列島，所以稱為日本。

紙牌不可以分開，要交替地排列，連接在一起，一次打五張牌，然後開始決定勝負，之前先決定有無 「連續」。

取牌的方式與「翻牌遊戲」一樣。

所謂「有連續」，指打牌時，牌不連接在一起的話，打牌的人就要拿一張出來連接。

所謂「不連續」，就是打的牌沒有連接在一起，也就輸了。

彈珠

在地面上畫好各種圖案，然後大家拿出自己的彈珠，用猜拳決定順序，然後從距離目標一定的距離開始彈彈珠，大家可以搶奪跑到圖案外的彈珠。

〔彈珠的拿法〕

長射法

煞車法

用中指彈出去之後，過一會兒彈會倒彈回來

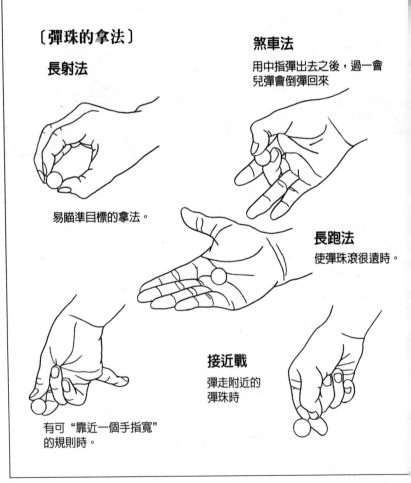

易瞄準目標的拿法。

長跑法

使彈珠滾很遠時。

接近戰

彈走附近的彈珠時

有可 "靠近一個手指寬" 的規則時。

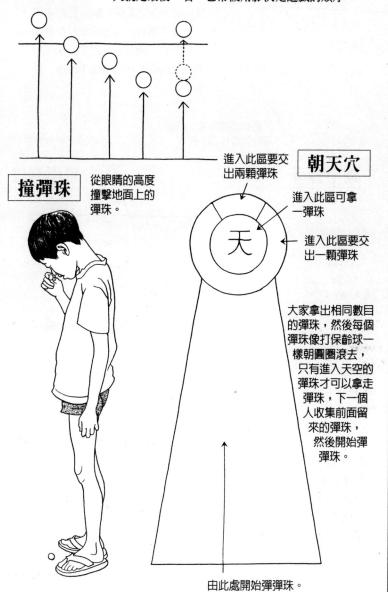

畫線彈珠　在前方 3-4 公尺處畫線，彈出去之後，離最遠的人就是最後一名。它常被用於決定遊戲的順序。

撞彈珠　從眼睛的高度撞擊地面上的彈珠。

進入此區要交出兩顆彈珠

朝天穴

進入此區可拿一彈珠

天

進入此區要交出一顆彈珠

大家拿出相同數目的彈珠，然後每個彈珠像打保齡球一樣朝圓圈滾去，只有進入天空的彈珠才可以拿走彈珠，下一個人收集前面留來的彈珠，然後開始彈彈珠。

由此處開始彈彈珠。

島中彈珠

將所有拿出來的彈珠放在島的中央，依序丟擲自己的母彈珠以搶奪島中的彈珠。雖然取得很多彈珠，但若自己的母彈珠留在島中的話，就算輸了。

將島中的彈珠彈出的話，
彈珠就變成自己的了。

圓中彈珠

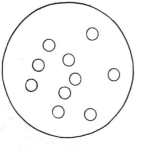

規則與島中彈珠相同。

星中彈珠

規則與島中彈珠相同。

洞中彈珠

將彈珠依序彈入洞中的遊戲，最快進最後一個洞的人就算獲勝。可以不必如圖所示的將洞穴固定在同等距離上，可以有距離遠一點，有的距離近一點。

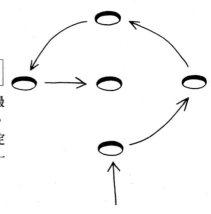

接木球

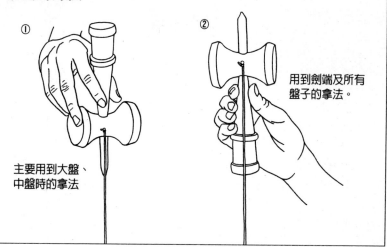

劍端
大盤
小盤
劍
防滑環
木球
中盤(煙囱)
線長 38-42公分

〔接木球的方法〕

① 用 "嘿嘿烏龜先生"
"停止木球" 的接法。

② 用 "晃動木球"
的接法。

〔拿劍的方法〕

① 主要用到大盤、
中盤時的拿法

② 用到劍端及所有
盤子的拿法。

231

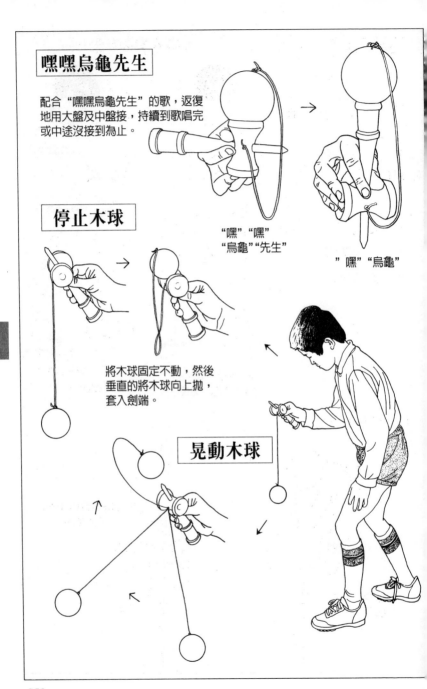

嘿嘿烏龜先生

配合"嘿嘿烏龜先生"的歌，返復
地用大盤及中盤接，持續到歌唱完
或中途沒接到為止。

"嘿" "嘿"
"烏龜" "先生"

" 嘿" "烏龜"

停止木球

將木球固定不動，然後
垂直的將木球向上拋，
套入劍端。

晃動木球

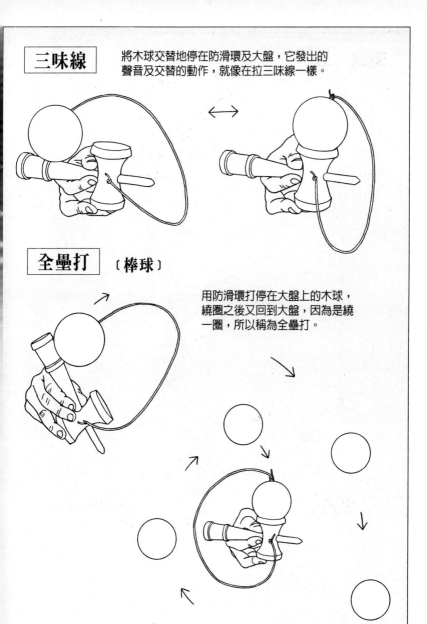

三味線

將木球交替地停在防滑環及大盤，它發出的
聲音及交替的動作，就像在拉三味線一樣。

全壘打 〔棒球〕

用防滑環打停在大盤上的木球，
繞圈之後又回到大盤，因為是繞
一圈，所以稱為全壘打。

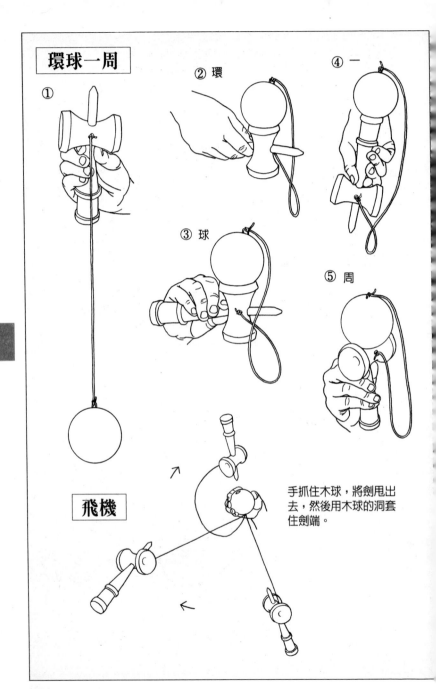

環球一周

① ② 環 ④ 一

③ 球 ⑤ 周

飛機

手抓住木球,將劍甩出去,然後用木球的洞套住劍端。

燈台 〔三種玩法〕

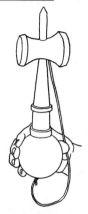

① 讓劍放在木球上，並且用手保持平衡，使劍不會掉下來。

② 先將劍垂吊在下面，然後再向上拋，使劍停在木球上。

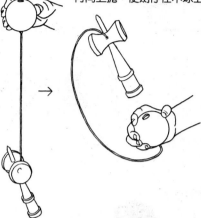

·有兩個停的位置，一個是"如蓋住洞口似的停在木球的洞上"，另一個是"停在木球的側面"。

·若要讓它停得很穩固的話，可以像"飛機"遊戲一樣，用木球洞口來接劍端。

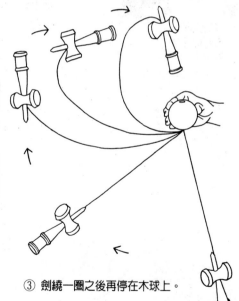

③ 劍繞一圈之後再停在木球上。

打陀螺

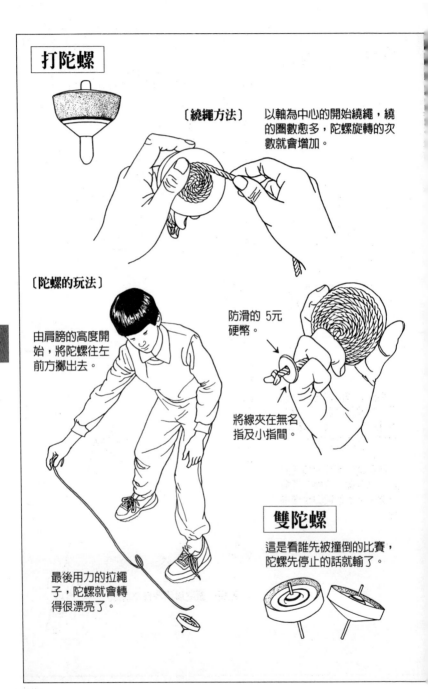

〔繞繩方法〕

以軸為中心的開始繞繩，繞的圈數愈多，陀螺旋轉的次數就會增加。

〔陀螺的玩法〕

由肩膀的高度開始，將陀螺往左前方擲出去。

防滑的 5 元硬幣。

將線夾在無名指及小指間。

最後用力的拉繩子，陀螺就會轉得很漂亮了。

雙陀螺

這是看誰先被撞倒的比賽，陀螺先停止的話就輸了。

手中陀螺

①陀螺要離開繩子的時候，要用力地拉動繩子。

②陀螺在手上轉時，手要配合陀螺稍微動一下。

指上陀螺

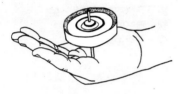

①先將陀螺放在手上轉。

②輕輕地將陀螺挾起來，手要呈半自轉狀態。

④左手放開。

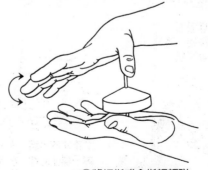

③將拇指或食指輕輕碰軸，手呈半自轉狀態。

各種陀螺雜技

陀螺過街

①讓手中旋轉的陀螺橫躺，食指彎曲，放在軸的下方，使陀螺離開掌心。

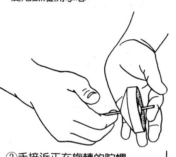

②手接近正在旋轉的陀螺的軸，然後用無名指及小指快速地撈起陀螺。

拋接陀螺

雙手一邊保持平衡，一邊將右手食指上的陀螺移到左手；然後再由左手移回右手。

採陀螺

將正在轉的陀螺繞上一條線，算好時機將陀螺往上拋，然後用掌心接住。

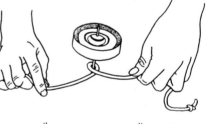

陀螺上樹

從"陀螺過街"的步驟開始，將繩子靠近陀螺

右手快速地將繩子繞住陀螺的軸。

輕輕地拉一下，陀螺就會往上爬了。

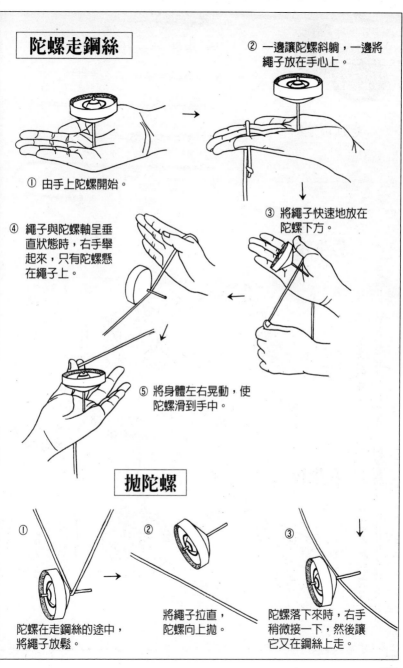

陀螺走鋼絲

① 由手上陀螺開始。

② 一邊讓陀螺斜躺,一邊將繩子放在手心上。

③ 將繩子快速地放在陀螺下方。

④ 繩子與陀螺軸呈垂直狀態時,右手舉起來,只有陀螺懸在繩子上。

⑤ 將身體左右晃動,使陀螺滑到手中。

拋陀螺

① 陀螺在走鋼絲的途中,將繩子放鬆。

② 將繩子拉直,陀螺向上拋。

③ 陀螺落下來時,右手稍微接一下,然後讓它又在鋼絲上走。

美式陀螺

〔繩結的做法〕

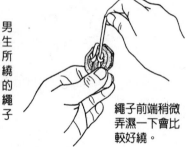

男生繞法

男生所繞的繩子

繩子前端稍微
弄濕一下會比
較好繞。

↑

頭先的 2-3 圈
比較不好繞。

最後面只要
輕輕繞就可
以了。

女生繞法

女生所繞的繩子

↓

〔美式陀螺的拿法〕

從正面看美式陀螺的拿法。

繩子要繞著小指

快速地往前面
丟出去。

陀螺床

準備一個洗臉盆或水桶，上面蓋
上厚布，中間要凹下去一點，然
後大家將陀螺打在這上面比賽。

玩法有兩種，一種是
兩人同時打出陀螺；
一種是依序隔一小段
時間打出去。

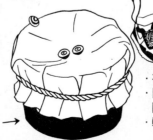

陀螺床 →

· 被彈出的話就輸了。
· 同時打出的話，先到達
　陀螺床的人，就贏了。
· 轉比較久的陀螺獲勝。

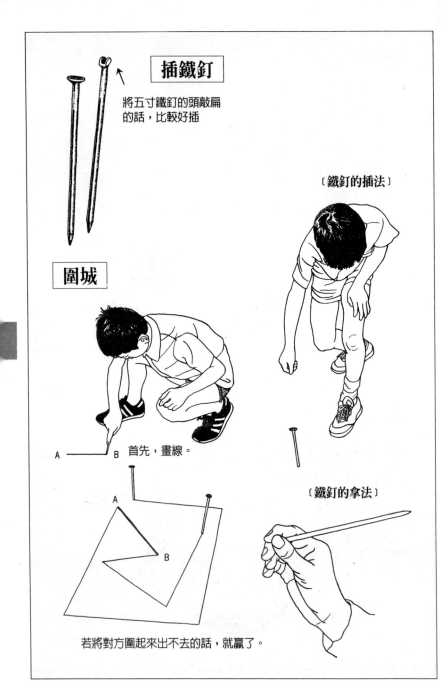

插鐵釘

將五寸鐵釘的頭敲扁的話，比較好插

〔鐵釘的插法〕

圍城

A——————B 首先，畫線。

〔鐵釘的拿法〕

若將對方圍起來出不去的話，就贏了。

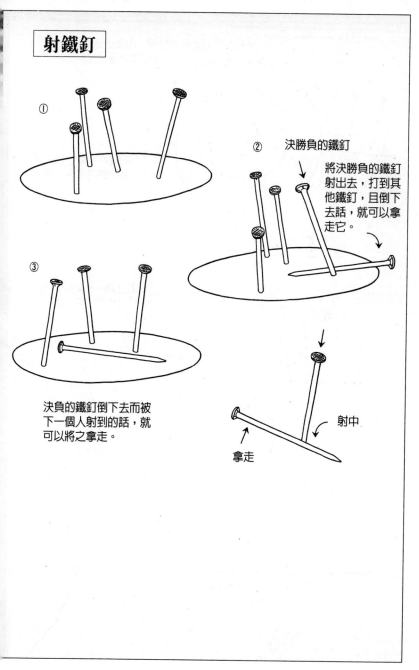

射鐵釘

①

② 決勝負的鐵釘

將決勝負的鐵釘射出去,打到其他鐵釘,且倒下去話,就可以拿走它。

③

決負的鐵釘倒下去而被下一個人射到的話,就可以將之拿走。

射中

拿走

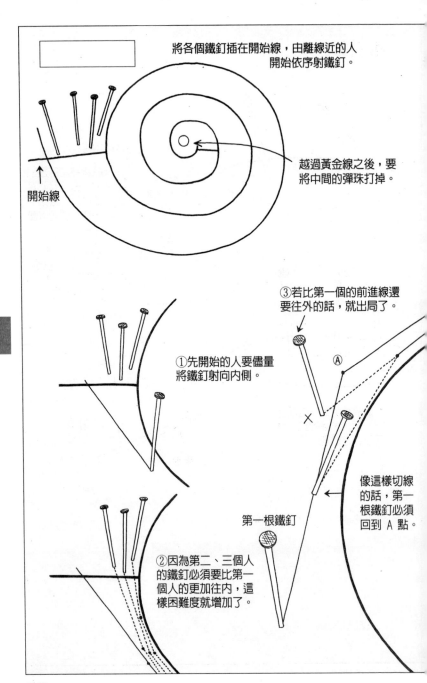

將各個鐵釘插在開始線，由離線近的人開始依序射鐵釘。

越過黃金線之後，要將中間的彈珠打掉。

↑
開始線

③若比第一個的前進線還要往外的話，就出局了。

Ⓐ

①先開始的人要儘量將鐵釘射向内側。

×

像這樣切線的話，第一根鐵釘必須回到 A 點。

第一根鐵釘

②因為第二、三個人的鐵釘必須要比第一個人的更加往内，這樣困難度就增加了。

244

砂包遊戲

接砂包

這是2個人以上玩的遊戲。配合著砂包歌，決定要如何丟或接（夾的、抓的、捏的）。使用 5-7個砂包，其中需放入一個母砂包，母砂包要比其他的砂包（子砂包)要大一點，或顏色的明顯一點。

丟砂包

這是一個人的遊戲。單手或雙手將砂包往上拋，接到之後再將另一個砂包往上拋。

首先，雙手各拿一個砂包往上拋。

  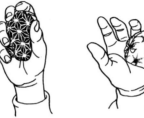

①兩手拿砂包。

②左手的砂包放在右手，同時右手的砂包往上拋，然後左手接，再將之放入右手手心。

將母砂包往上拋之後，有三種接法。

①抓住

②一個一抓

③夾住

一個一個夾在指間

平放

一個一個平放。

砂包過山洞

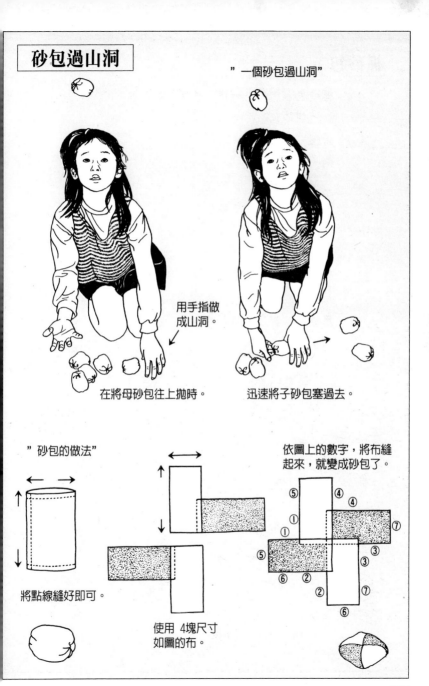

"一個砂包過山洞"

用手指做成山洞。

在將母砂包往上拋時。

迅速將子砂包塞過去。

"砂包的做法"

將點線縫好即可。

使用 4塊尺寸
如圖的布。

依圖上的數字,將布縫
起來,就變成砂包了。

⑤ ④
④
① ⑦
①
⑤ ③
③
⑥ ② ⑦
②
⑥

抓砂包

抓砂包　一個　一個　一個　抓砂包

抓一個砂包

兩個　兩個

剩一個　抓砂包

三個　剩兩個　抓砂包

四個　剩一個　抓砂包

抓所有砂包

平放　平放　平放

平放　掉了　用抓的

用抓的　用抓的

用抓的　掉了　用拿的　(以下省略)

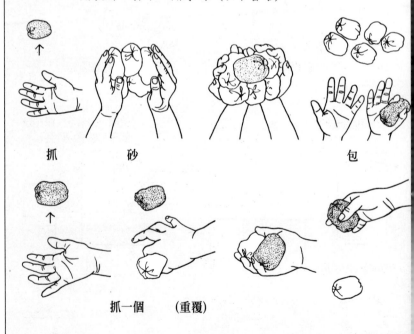

抓　　　　砂　　　　　　　　　　　　包

抓一個　　　(重覆)

248

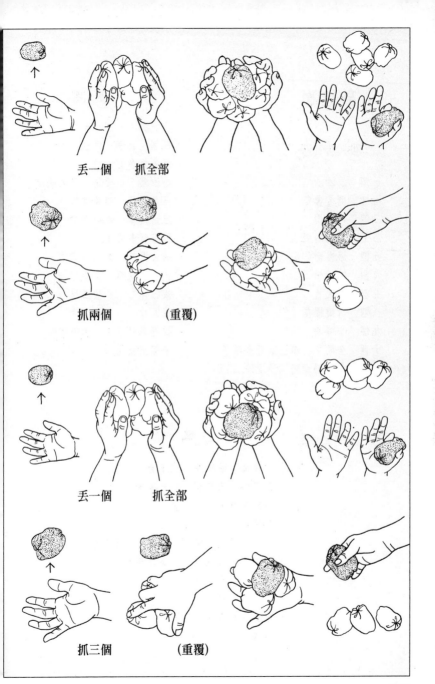

丢一個　　抓全部

抓兩個　　　　　(重覆)

丢一個　　抓全部

抓三個　　　　　(重覆)

砂包歌

一個　沙沙沙
兩個　側金盞花
三個　柑橘樹
四個　雞兒腸樹
五個　銀杏樹
六個　槌葉樹
七個　南天竹
八個　八瓣櫻花
九個　小梅樹
十個　全開了　滿山遍野全開了
鋸木工人　鋸鋸鋸　沙沙沙

小沙瀰　一個　兩個　三個
四個　五個　六個
好多好多個
小沙瀰　小櫻花　兩朵櫻花
三朵櫻花　四朵櫻花
五朵櫻花　六朵櫻花
好多好多櫻花
七朵櫻花　親親小櫻花
拔一片花瓣　拔兩片
拔三片　　　拔四片
拔五片　　　拔六片
拔好多好多片　拔啊拔啊
全部拔光光

一座橋　兩座橋　三座橋
四座橋　五座橋　架一座橋
在橋的欄杆上坐一坐
眺望遙遠的對岸
十七八歲的小姐姐　手裏拿著花和香
小姐姐　小姐姐　你要去哪裡
我是九州鹿兒島
西鄉隆盛的女兒
我要去為明治十年戰死的父親
掃墓

彈玻璃珠

①每個人各拿出五個以上的彈珠

②分撒在地上。

③重疊在一起的玻璃叫
"雙胞胎"。

重疊在一起的要
分開，分開的方
法是。→

手指彈開

用手肘擊開

站在高處向下丟。

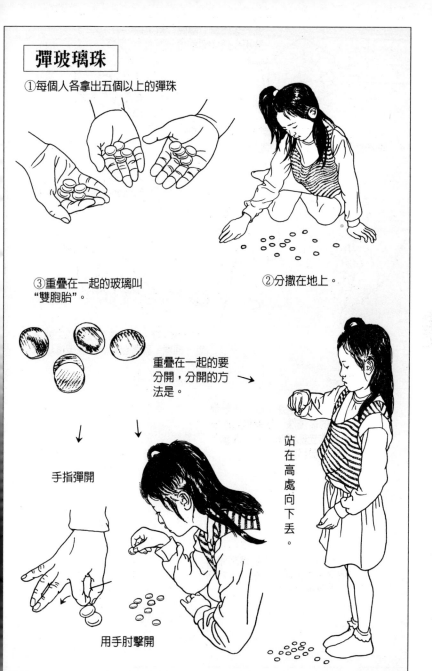

要將玻璃珠 "隔間" 時，只要用小指切開即可。

④將右手小指放在要被擊打及擊打的玻璃珠中間，這個叫 "隔間"。

連擊

⑤開始繫打隔開的玻璃珠。

⑥打到之後，用食指在玻璃珠之間再畫一條線，就可以拿走一個玻璃珠。

擊到被擊過的玻璃珠，或一次擊到二個以上的玻璃珠，就要將之前拿到的玻璃珠全部還回去。"連擊"的本意是亂發脾氣。

⑦剩下最後的一個，要將眼睛開起來，用食指繞玻璃珠外圍 2 圈，然後用2 隻手指拿起來。

一池水

一池水
兩池水
三池水　取一瓢水
繞繞繞
貓咪的眼睛

※剩下兩顆玻璃珠時所唱的歌，這歌唱完為止，必須擊中 10 次。

〔較困難的彈玻璃珠方法〕

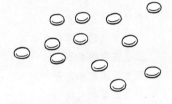

①將玻璃珠撒開

②將A與B擊開。

③將其他所有的玻璃彈珠進 A與B之間。

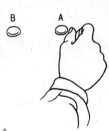

④全部彈進之後，再將A與B擊開。

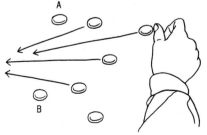

拍球歌

一根紅蘿蔔
山椒加香菇
牛蒡加珠芽
春天七菜加青菇
小黃瓜加冬瓜
一根紅蘿蔔
山椒加香菇
牛蒡加珠芽
春天它菜加青菇
慈菇加冬瓜

山寺中的和尚
你喜歡球但沒有球
貓躲進紙袋
喵喵叫
原來在這裏
我就一把把你抓起來

最早起的地方

最早起的是一宮
二是日光的中禪寺
三是佐倉的宗五郎
四是信濃的善光寺
五是出雲的大社
六是各村的鎮守神
七是成田的不動神
八是大和的法隆寺
九是高野的弘法神
十是東京的心願寺

一貫錢的一助先生

一貫錢的一助先生
討厭有一的字
一萬一千一百億
一斗一斗一斗的豆子
都藏在倉庫裏
交給二貫錢的二助先生
二貫錢的二助先生
討厭有二的字
二萬二千二百億
二斗二斗二斗的豆子
都藏在倉庫裏
交給三貫錢的三助先生

 你們住哪裏

你們住哪裏　肥後啊
肥後的哪裏　熊本啊
熊本的哪裏　船場
船場山上有狐狸
獵人用獵槍打狐狸
把它煮了烤了吃了
再用樹葉將它埋了

　　拍球歌不單單只是唱出來而已，它還包含了許多的技巧，例如唱"你們住哪裏""肥後 ˇ啊ˇ"時，在最後一個音節時，球可以放在手背；或單腳抬起來，球繞過去；或身體轉一圈，然後定住。唱"把它埋了"時，球由兩腳之間彈到後面，然後整個被包在裙子裏。

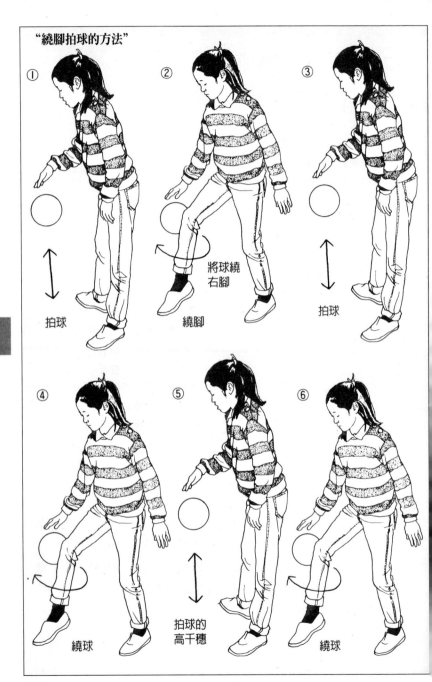

"繞腳拍球的方法"

① 拍球

② 將球繞右腳　繞腳

③ 拍球

④ 繞球

⑤ 拍球的高千穗

⑥ 繞球

256

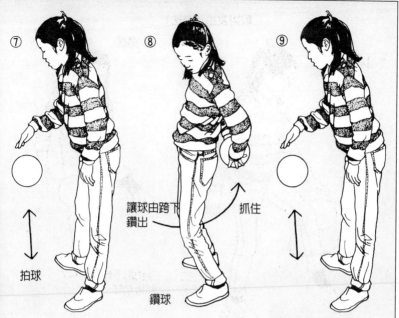

⑦ 拍球

⑧ 讓球由跨下鑽出　抓住　鑽球

⑨ 回到步驟①，開始 "第二次拍球"，重覆 10次，失敗的話要從頭開始。

各 種 拍 球 歌

拍球　繞球　拍球　繞球　拍球的
高千穗　拍球　鑽球（連繞唱 10次）

拍球　啦啦啦　　野薤菜　唎唎唎
新布料花樣　美美美　高高高麗菜吃吃吃（連繞唱 10次）

拍一次球　拍拍拍
新布料花樣　美美美(連繞唱 10次)

〔較困難拍球方法〕

① 繞球

將球繞右腳

② 鑽球

手由跨下伸出，
然後拍球

③ 腳拍球

像用踩似的
用腳拍球

④ 膝拍球

用膝蓋拍球

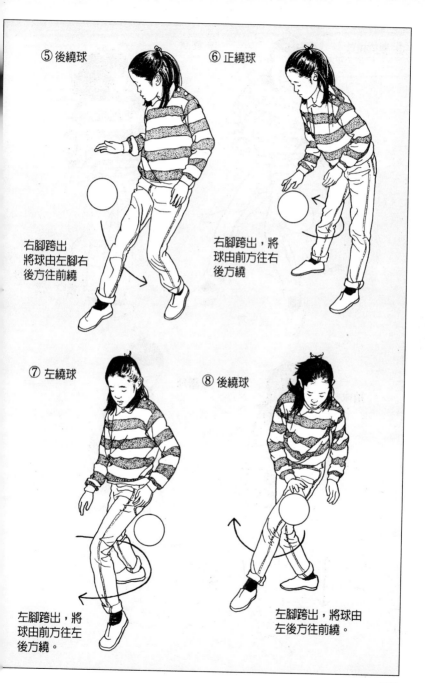

⑤ 後繞球

右腳跨出
將球由左腳右
後方往前繞

⑥ 正繞球

右腳跨出，將
球由前方往右
後方繞

⑦ 左繞球

左腳跨出，將
球由前方往左
後方繞。

⑧ 後繞球

左腳跨出，將球由
左後方往前繞。

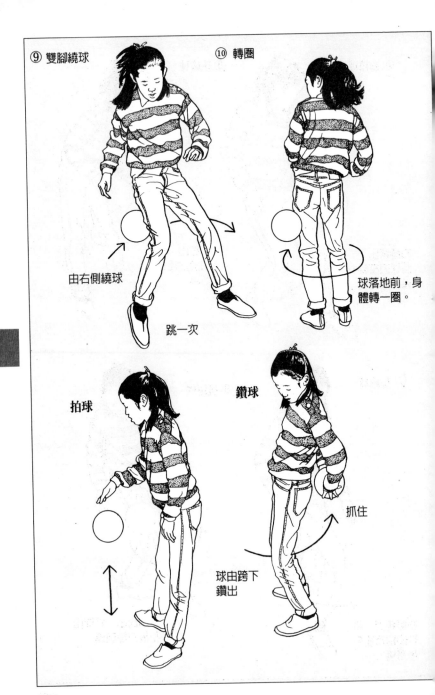

⑨ 雙腳繞球

⑩ 轉圈

由右側繞球

跳一次

球落地前，身
體轉一圈。

拍球

鑽球

球由跨下
鑽出

抓住

各種踢石頭遊戲

　　要玩踢石頭遊戲時，要先選擇地面不會太凹凹凸凸的場所，踢的石頭也要選擇能夠在地上滑動，圓一點，平滑一點的石頭，且平常就要練習單腳跳，這樣很快的就會變成踢石頭遊戲的高手。

　　踢石頭遊戲包括　"圓形跳""矩形跳""葫蘆跳""漩渦跳"（蝸牛）"奴僕跳"等，種類很多，而玩法包括踢石頭、丟石頭、單腳跳這三種方法組合而成的。

　　踢石頭遊戲的玩法大致可分成下列兩大類。

1)將石頭丟到 1區，然後單腳將這個一邊踢到 2、3區，一邊前進。

2）將石頭丟到 1區，然後此區外的區域就用單腳、雙腳、單腳的方式往返，回到 1區時，將石頭撿起來，再回到出發點。

　　接著將石頭丟到 2 區，以同樣的方式前進到最後 1 區。"前進"與"小便桶"的規則也因地區而異，例如"矩形跳""跳房子"等的 5、6、7、8 區的交叉點"小便桶"，有些地區，將此處當做是直達 10區的幸運區。

　　"蝸牛跳"可說是石頭遊戲中最困難的一種，必須單腳跳，單腳踢，而且必須連續，不可以停下來休息，所以需要很好的腳力，對於一般的踢石頭遊戲熟了之後再開始玩這個遊戲吧 ！

　　踢石頭的歷史在日本比較短，是明治時代初期由歐洲傳入的，而歐洲這個遊戲的起源，據說可追溯到古希臘時代。

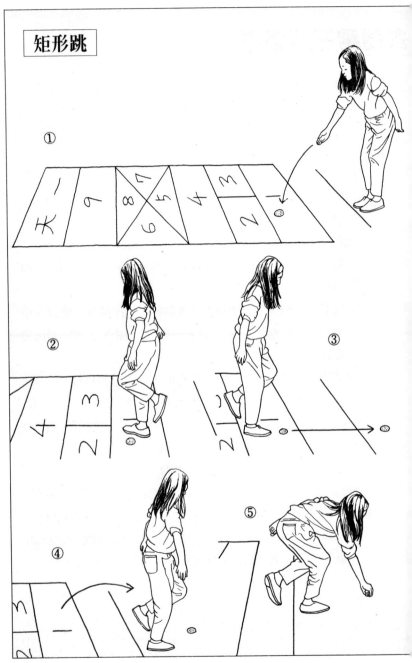

矩形跳

①

②

③

④

⑤

⑥

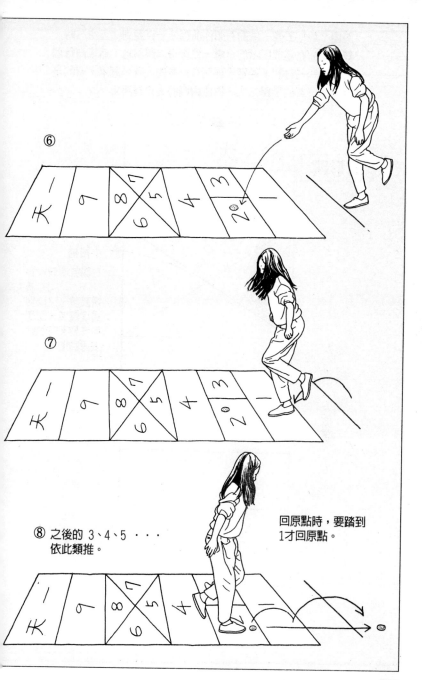

⑦

⑧ 之後的 3、4、5 · · · 依此類推。

回原點時，要踏到 1才回原點。

將由"地"丟到 1區的石頭往前踢，一直踢到"天空"時，將石頭放在箭號所示的 A處，然後用力踢回地，然後向每個人拿 "一貫錢"，從別人那裏拿最多的人就是冠軍。有的是踢一次，有的是踢二次，踢法由踢的人自行決定。

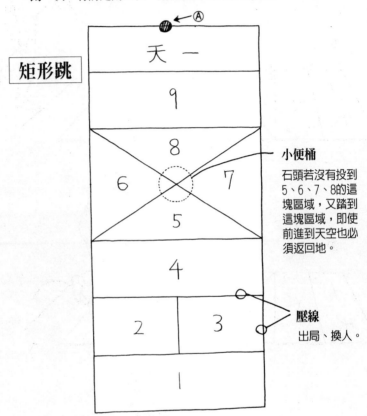

矩形跳

A

天 一

9

8

6

7

5

4

2

3

1

小便桶

石頭若沒有投到5、6、7、8的這塊區域，又踏到這塊區域，即使前進到天空也必須返回地。

壓線

出局、換人。

地

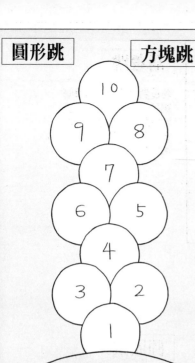

圓形跳　方塊跳

5	10
4	9
3	8
2	7
1	6

石頭投到 1，雙腳站在 2、3，然後依單腳、雙腳交替的順序跳到 10，再跳回來，回來時，要單腳踏在 2，將石頭撿起來之後，回到原點。之後依此類推。

將石頭投到1，然後單腳由 1→2→3→4→5 往前踢，踢到 5 的線外之後，將石頭撿起來，投到 6，再單腳由5→4→3→2→1 跳回來，之後由6→7→8→9→10 的往前踢。

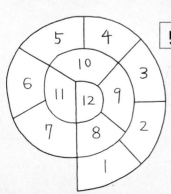

蝸牛跳

將投到1 的石頭往前踢到 12，然後再依序踢回 1 的線外，接著將石頭丟到 2，以同樣的方法前進到 12；再將石頭踢到 1 的線外。

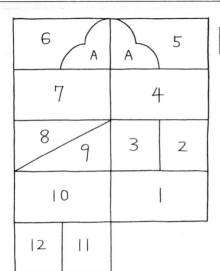

葫蘆跳

將投到 1的石頭用單腳踢到12，中途踢到 A區雙腳就可以踏在地上休息一下，到了12之後，再回到 1。

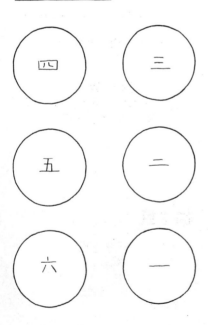

圓圈跳

將石頭丟到一，單腳依序踢到六，然後回到地，接著由 2開始踢，踢到失敗為止。

地

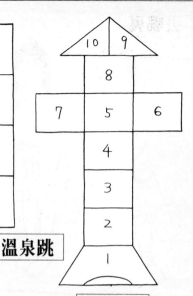

溫泉跳

雙腳可以站在溫泉，但不能夠丟石頭，將石頭投到 2，當石頭前進到 3時，雙腳可以站在 4，然後用單腳將 3的石頭踢到 5，當石頭前進到11時，要跨過河，直接踢到12，然後單腳跳過河到天空，在天空，將石頭放在腳背上，然後拋到空中用手接住。

跳房子

石頭投到 1，用單腳由2→3→4→5 前進，雙腳踏在 6及 7，8是單腳，跳到 9、10 時，身體要反轉過來，雙腳面向1，回到1的時候，撿起石頭，跳到線外，接著將石頭丟到 2。

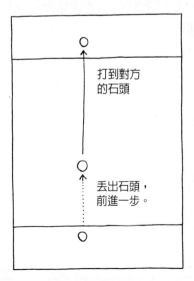

打到對方的石頭

丟出石頭，前進一步。

擲石達陣遊戲

分成兩組，將自己的石頭放在各自的陣地，先攻的一組，將石頭丟出，然後撿起那塊石頭打對方的石頭，打到的話，就可以前進2、3步，且打到的人可以將石頭放在腳背、膝蓋、手腕、或肩膀上，然後投出。

去哪裏

<玩法>這個遊戲不踢石頭,在三公尺外的地方畫一
條線,然後站在此處將石頭丟入圓圈中,大家決定要
去的地方之後,集合在開始線,然後出發到目的地,
再回來。投到天空的話就要休息。

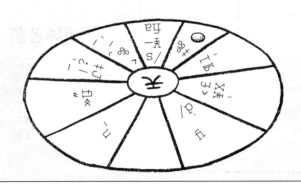

文字遊戲 知道 ? 不知道 ?

㊀㊁ 咒語

淒淒撲撲　五片葉子的寶物
我想飛去　愛宕山
淒淒撲撲
釋迦的鼻屎
想去想去　飛去飛去
想去想去　飛去飛去
寶物　寶物
寶物　鎖著
鑰匙放在天上

㊀㊁㊂㊃ 嬰兒遊戲

來來來　來遊戲
去去去　去睡覺
喝牛奶　不要不要不要
尿布臭臭　手臂圓滾滾
不在不在　爸爸不在
不在不在　媽媽不在
來來來　來這裡有我保護
小心慢慢走　不要跌倒了

㊀㊁ 數數

知己　知己　蟑螂　螞蟻
蛤蜊是昆蟲的毒餌
雪人跌倒了

㊀㊁ 算命

該怎麼辦　照神明所說
的做吧
該怎麼辦　照你心中的神
所說的做吧

㊀㊁㊂ 不玩了

一個人不玩　二個人不玩　三個人
不玩
大家都不玩
鬼也不玩　白蘿蔔也逃回家
烏鴉在叫了　該回家了
再見是三角　豆腐是四角
禮物三個　章魚三隻
明天章魚也三隻

㊀㊁㊂ 開玩笑

愛哭鬼喝涼水　沒人理沒人理
早上在哭的烏鴉　已經在笑了
愛數數的小孩　愛做怪的小孩
瘀血的小孩　河童的小孩
大小孩買糖去
誰的頭上敲一敲
不趕快來拿的話
馬上就要哭了

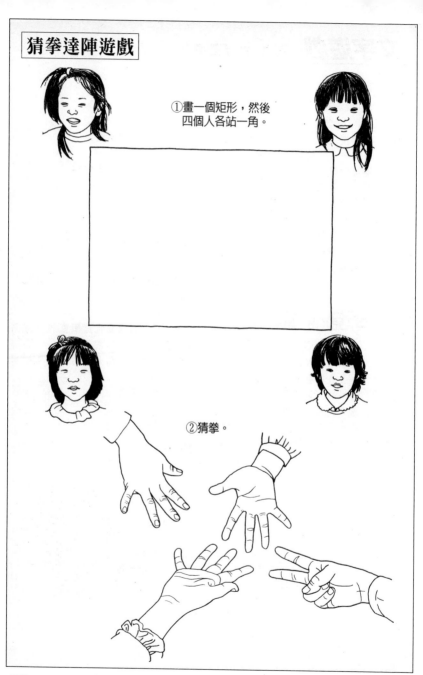

猜拳達陣遊戲

①畫一個矩形，然後
四個人各站一角。

②猜拳。

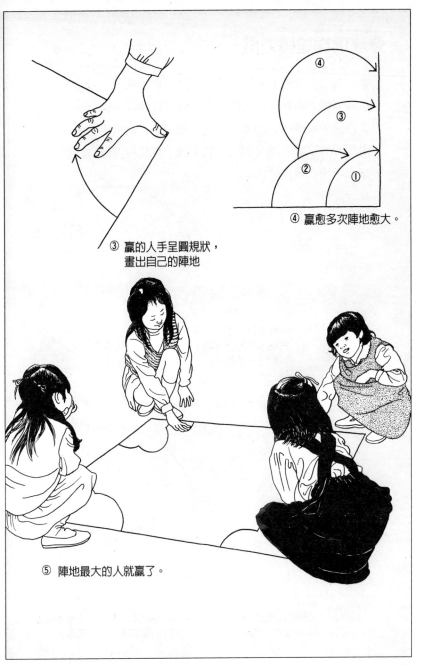

④ 贏愈多次陣地愈大。

③ 贏的人手呈圓規狀，
畫出自己的陣地

⑤ 陣地最大的人就贏了。

彈玻璃珠達陣遊戲

畫一個 1公尺左右的圓，然後一邊彈玻璃珠，一邊畫魚鱗以擴大陣地，魚鱗的產生，就是玻璃珠有前進到拇指到中指伸直的範圍內的話，就可以以此為中心，畫出新的半圓陣地。另外，如下圖，也有採直線畫法畫出陣地的玩法。

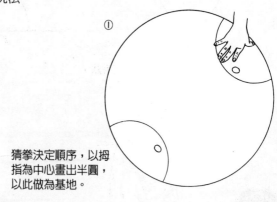

①

猜拳決定順序，以拇指為中心畫出半圓，以此做為基地。

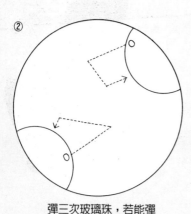

②

彈三次玻璃珠，若能彈回自己陣地就算成功。

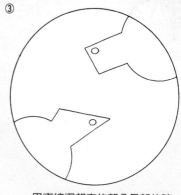

③

用直線圍起來的部分是新的陣地，陣地最大的人就贏了。

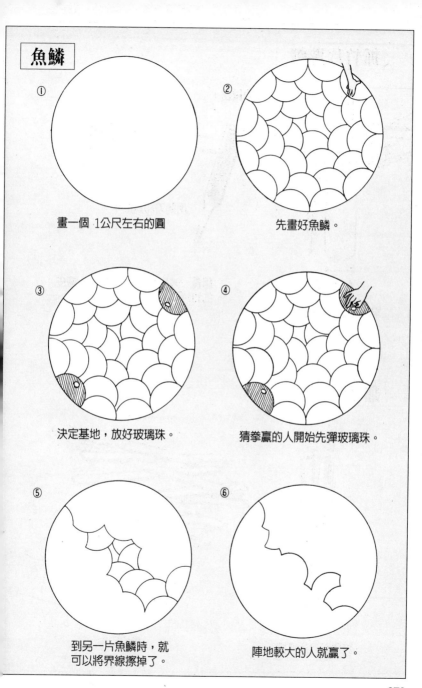

魚鱗

① 畫一個 1公尺左右的圓

② 先畫好魚鱗。

③ 決定基地，放好玻璃珠。

④ 猜拳贏的人開始先彈玻璃珠。

⑤ 到另一片魚鱗時，就可以將界線擦掉了。

⑥ 陣地較大的人就贏了。

抓竹片遊戲

〔竹片的做法〕

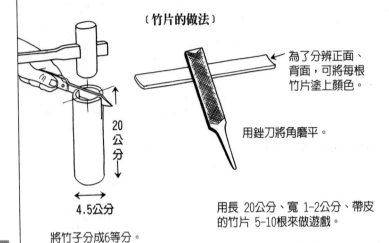

為了分辨正面、背面，可將每根竹片塗上顏色。

用銼刀將角磨平。

20公分

4.5公分

將竹子分成6等分。

用長 20公分、寬 1-2公分、帶皮的竹片 5-10根來做遊戲。

翻掌1

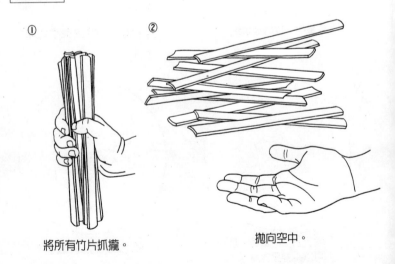

① 將所有竹片抓攏。

② 拋向空中。

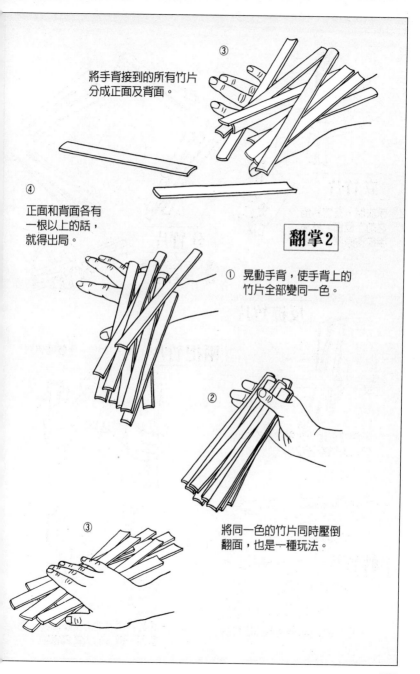

③ 將手背接到的所有竹片
分成正面及背面。

④ 正面和背面各有
一根以上的話，
就得出局。

翻掌2

① 晃動手背，使手背上的
竹片全部變同一色。

②

將同一色的竹片同時壓倒
翻面，也是一種玩法。

③

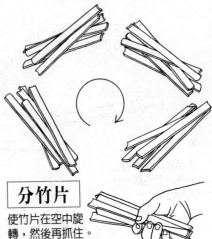

立竹片

手放開，在竹片倒之前手反抓，然後手恢復原狀。

分竹片

使竹片在空中旋轉，然後再抓住。

反抓竹片

一端拄在地上，然後往空中拋，竹片掉落前再反抓

兩把竹片

數1、2、3、手離開竹片

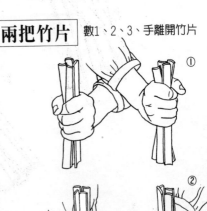

① ②

將竹片丟到地上，正面與背面數目一樣多的人就算獲勝。

轉竹片

竹片倒之前，雙手再抓住竹片。

手與手指的遊戲

打鉤鉤

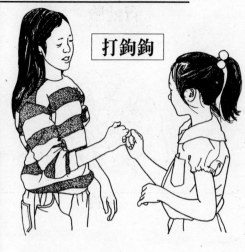

鉤鉤手
說謊的話
就會被月亮割舌頭

指澡堂

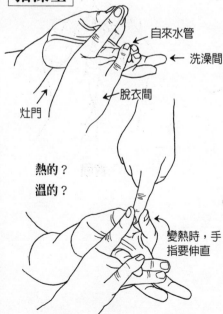

自來水管

← 洗澡間

← 脫衣間

灶門

熱的？
溫的？

變熱時，手
指要伸直

指爸爸

用簽字筆畫臉。

橡皮筋手槍

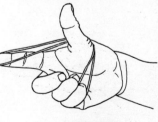

小指一放開，橡皮
筋就會彈出去。

切拇指

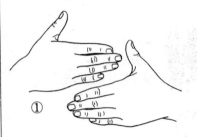

①

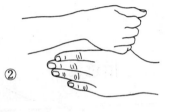

②

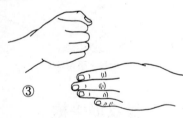

③

④ (解謎篇)
小孩子看到的話,
一定會很驚訝。

青蛙臉

正面

背面

戳指洞

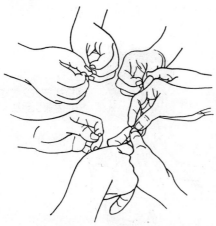

戳 戳 戳指洞
芝麻味噌
戳進來又拔出去
狐狸要來
啾啾啾
不管叫爸爸
或是叫媽媽
他們都不會來了
戳指洞戳指洞
看看最後抓到
誰

在唱"誰"時被抓住的人
就要當鬼

拉手帕

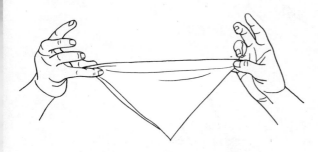

兩人面對面,用拇指及小指抓住手帕,然後
用力拉。它是較難出力的拉繩比賽。

指壓算命 用雙手的拇指來算命

將拇指左右交替地
由手腕壓到手肘。

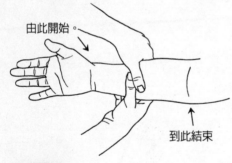

由此開始。

到此結束

由 "指" 開始，左右手指
重覆地壓。一次結束正好
是 "指壓算命"。

結束時可以說些
押韻的俏皮話。

奇妙鉛筆

①鉛筆中沒有機關

⑤固定在手上了。

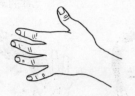

②手放開的話，鉛筆會跳下來。

⑥看啊！吸在手掌上了。

③所以只有插上電 （搓搓手腕）

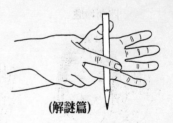

(解謎篇)

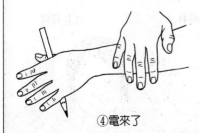

④電來了

281

數數歌

一劍雙鵰

二見鐘情

三洋開泰

四面玲瓏

五福臨門

六六大順

七情六欲

八仙過海

九九重陽

十全十美

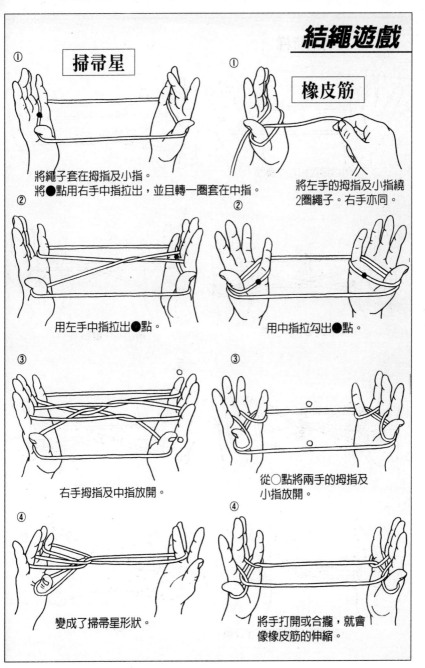

① 掃帚星

將繩子套在拇指及小指。
將●點用右手中指拉出，並且轉一圈套在中指。

② 用左手中指拉出●點。

③ 右手拇指及中指放開。

④ 變成了掃帚星形狀。

① 橡皮筋

將左手的拇指及小指繞
2圈繩子。右手亦同。

② 用中指拉勾出●點。

③ 從○點將兩手的拇指及
小指放開。

④ 將手打開或合攏，就會
像橡皮筋的伸縮。

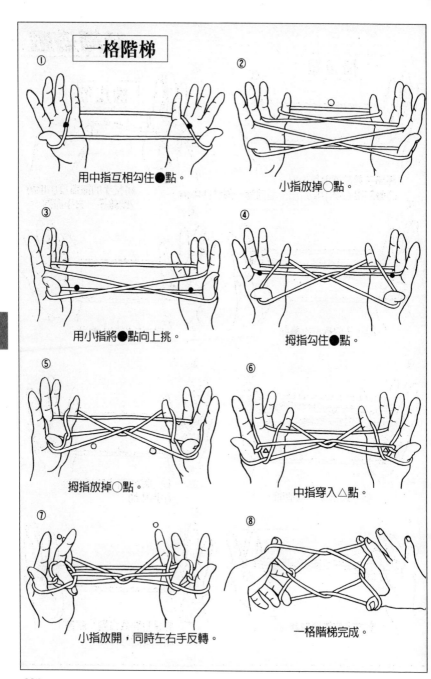

一格階梯

① 用中指互相勾住●點。

② 小指放掉○點。

③ 用小指將●點向上挑。

④ 拇指勾住●點。

⑤ 拇指放掉○點。

⑥ 中指穿入△點。

⑦ 小指放開，同時左右手反轉。

⑧ 一格階梯完成。

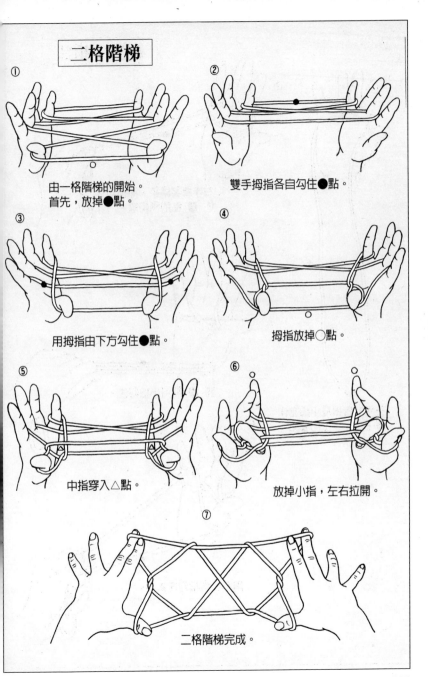

二格階梯

① 由一格階梯的開始。
首先，放掉●點。

② 雙手拇指各自勾住●點。

③ 用拇指由下方勾住●點。

④ 拇指放掉○點。

⑤ 中指穿入△點。

⑥ 放掉小指，左右拉開。

⑦ 二格階梯完成。

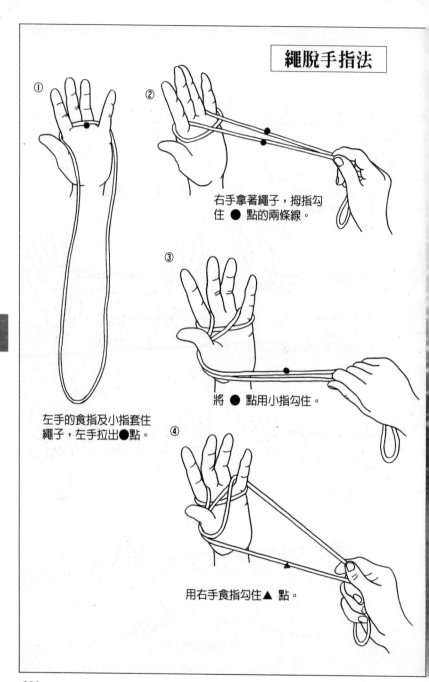

繩脫手指法

①

② 右手拿著繩子，拇指勾住 ● 點的兩條線。

左手的食指及小指套住繩子，左手拉出●點。

③ 將 ● 點用小指勾住。

④ 用右手食指勾住▲ 點。

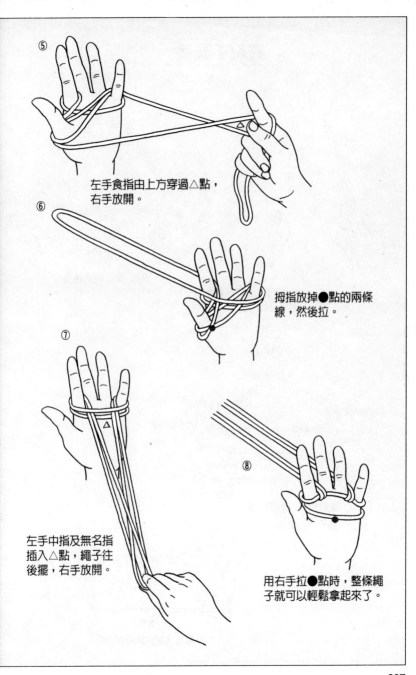

⑤ 左手食指由上方穿過△點，
右手放開。

⑥ 拇指放掉●點的兩條
線，然後拉。

⑦ 左手中指及無名指
插入△點，繩子往
後擺，右手放開。

⑧ 用右手拉●點時，整條繩
子就可以輕鬆拿起來了。

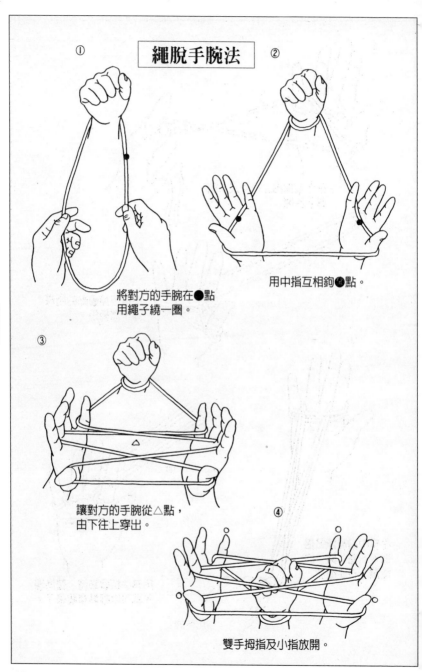

繩脫手腕法

① 將對方的手腕在●點用繩子繞一圈。

② 用中指互相鉤●點。

③ 讓對方的手腕從△點,由下往上穿出。

④ 雙手拇指及小指放開。

⑤

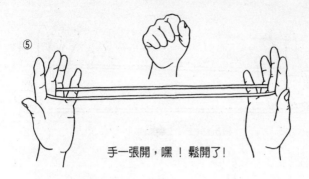

手一張開，嘿！鬆開了！

山上的月亮

①

用食指各自鉤住●點。

雙手拇指及食指各套住繩子，
然後雙手拇指各自鉤住●點。

②

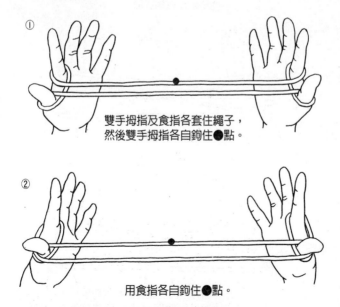

用食指各自鉤住●點。

③

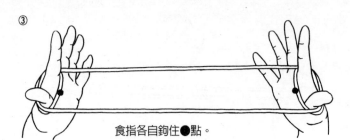

食指各自鉤住●點。

④

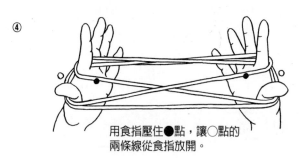

用食指壓住●點，讓○點的
兩條線從食指放開。

⑤

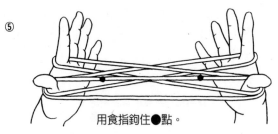

用食指鉤住●點。

⑥

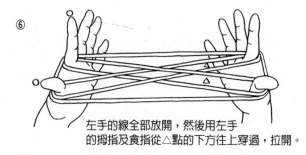

左手的線全部放開，然後用左手
的拇指及食指從△點的下方往上穿過，拉開。

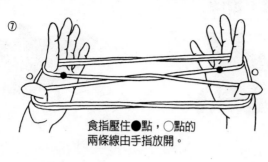

⑦ 食指壓住●點，○點的
兩條線由手指放開。

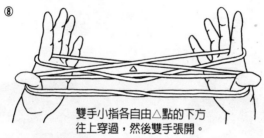

⑧ 雙手小指各自由△點的下方
往上穿過，然後雙手張開。

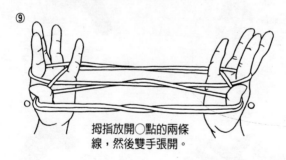

⑨ 拇指放開○點的兩條
線，然後雙手張開。

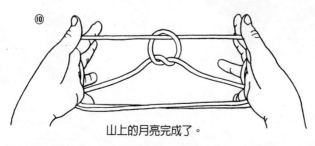

⑩ 山上的月亮完成了。

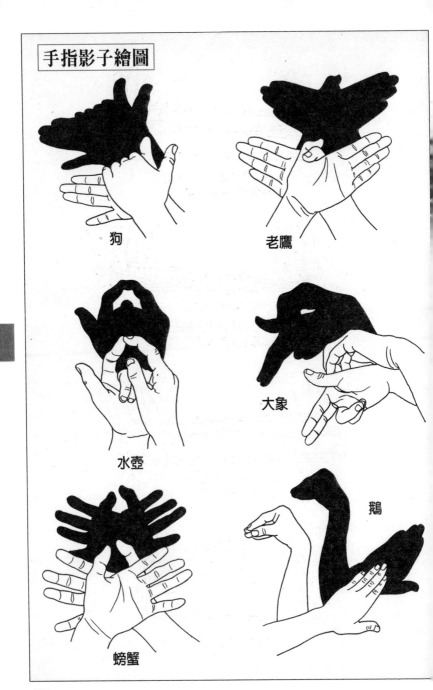

手指影子繪圖

狗

老鷹

水壺

大象

螃蟹

鵝

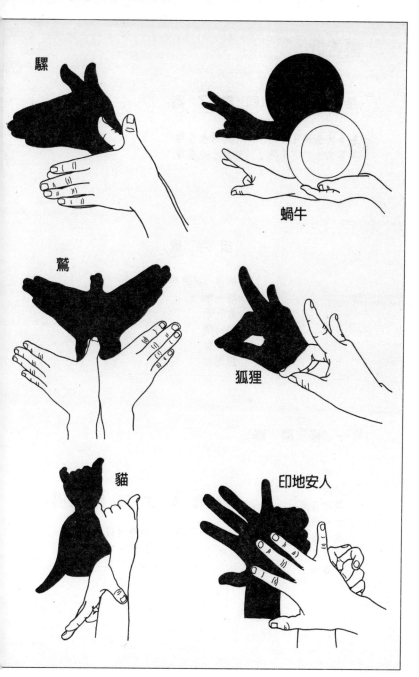

騾

蝸牛

鷲

狐狸

貓

印地安人

293

饒舌歌

某某先生回電了嗎？

某某先生回電了嗎？　你媳婦也在等
某某先生回電了嗎？　你兒子也在等

接字歌

給你（把東西給對方看）
想一想
看一看
問一問
點一點
謝謝你

一條兩條

一條
兩條
醃秋刀魚
煮好飯中
放菜葉
小黃瓜
和蕃茄

欺負女生的瘦皮猴

欺負女生的瘦皮猴
秤一秤　只值一貫錢
去澡堂就會浮起來

畫圖歌

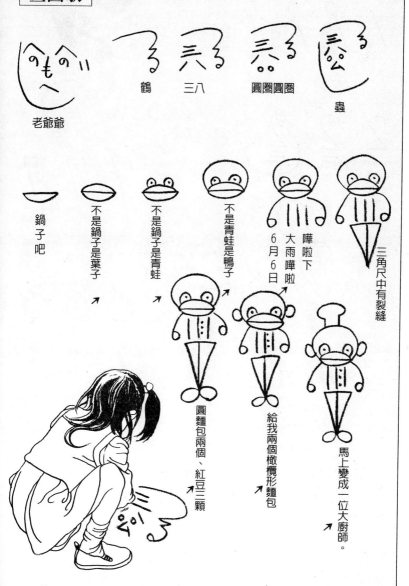

鶴　　三八　　圓圈圓圈　　蟲

老爺爺

鍋子吧

不是鍋子是葉子 ↗

不是鍋子是青蛙 ↗

不是青蛙是鴨子 ↗

嘩啦下
大雨嘩啦
6月6日

三角尺中有裂縫

圓麵包兩個、紅豆三顆 ↗

給我兩個橄欖形麵包 ↗

馬上變成一位大廚師。 ↗

295

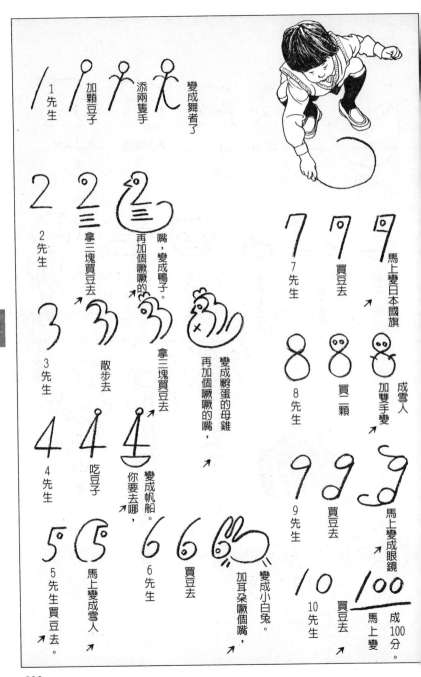

/ 1先生

加顆豆子

添兩隻手

變成舞者～

2 2先生

拿三塊買豆去

嘴，變成鴨子。再加個嗷嗷的

3 3先生

散步去

拿三塊買豆去

變成孵蛋的母雞再加個嗷嗷的嘴，

4 4先生

吃豆子

變成帆船。你要去哪，

5 5先生買豆去。

馬上變成雪人

6 6先生

買豆去

變成小白兔。加耳朵嗷個嘴，

7 7先生

買豆去

馬上變日本國旗

8 8先生

買二顆

成雪人加雙手變

9 9先生

買豆去

馬上變成眼鏡

/0 10先生

買豆去

成100分。馬上變

/00

296

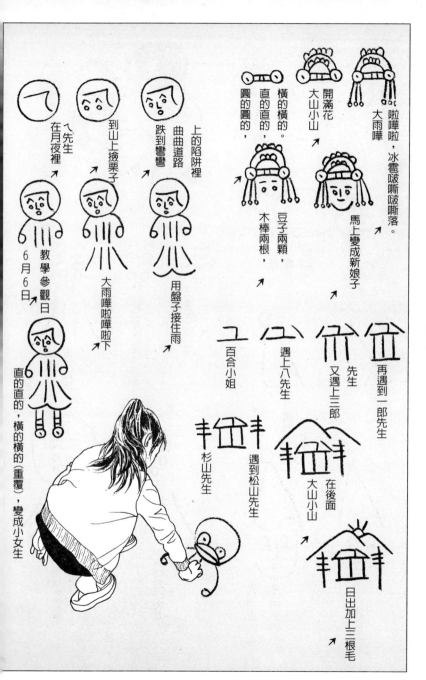

啦嘩啦，冰雹啵嘶啵嘶落。

大雨嘩

開滿花
大山小山

橫的橫的。
直的直的，
圓的圓的，

木棒兩根，

豆子兩顆，

馬上變成新娘子

先生
在月夜裡

到山上撿栗子

跌到彎彎
曲曲道路

上的陷阱裡

教學參觀日
6月6日

先生

大雨嘩啦嘩啦下

用盤子接住雨

直的直的，橫的橫的（重覆），變成小女生

百合小姐

遇上八先生

先生
又遇上三郎

再遇到一郎先生

杉山先生

遇到松山先生

在後面
大山小山

日出加上三根毛

297

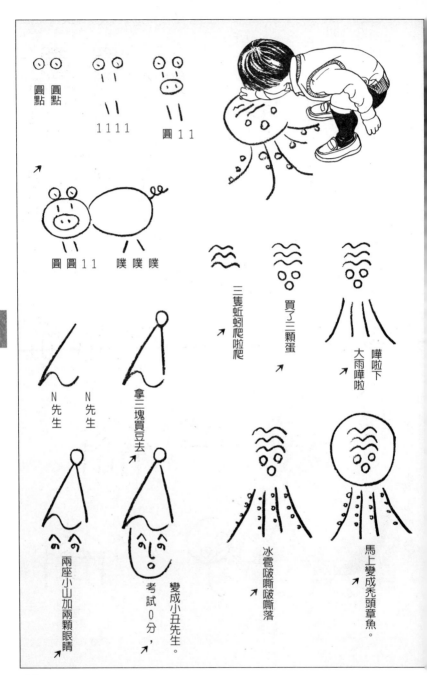

圓點　圓點

1 1 1 1

圓 1 1

圓圓 1 1　噗噗噗

三隻蚯蚓爬啦爬

買了三顆蛋

嘩啦下
大雨嘩啦

N先生　N先生

拿三塊買豆去

兩座小山加兩顆眼睛

考試０分，

變成小丑先生。

冰雹啵嘶啵嘶落

馬上變成禿頭章魚。

298

蒸氣畫 | 在冬天溫暖的房子裡或浴室的玻璃上可以做的遊戲

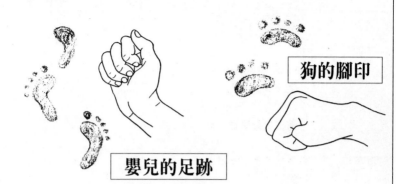

狗的腳印

嬰兒的足跡

禿頭章魚

①

②

③

①

②

③

二字的故事

①

②

蜻蜓飛了　　　桃太郎　　　花子小姐　　　爸爸　　　摘花

回家囉！

299

(熱情熱情嘿嘿嘿)
夏天快到了八十八夜
　　　　(拍拍手)
滿山遍野開滿新葉
　　　　(拍拍手)
是不是有人在採茶葉
　　　　(拍拍手)
被染成棗紅色的袖帶　加上蓑帽　剪刀　石頭　布

※　「一角兩角三角形」也可以這樣玩。

鳳眼 八字眼

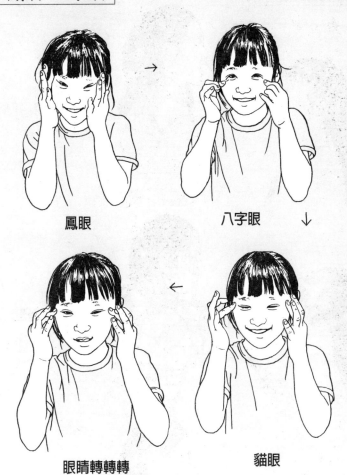

鳳眼

八字眼

眼睛轉轉轉

貓眼

凝視賭笑遊戲

雪人雪人，
我們來比賽
看誰先笑。

可以做出各種
好笑的表情

先笑的人就輸了。

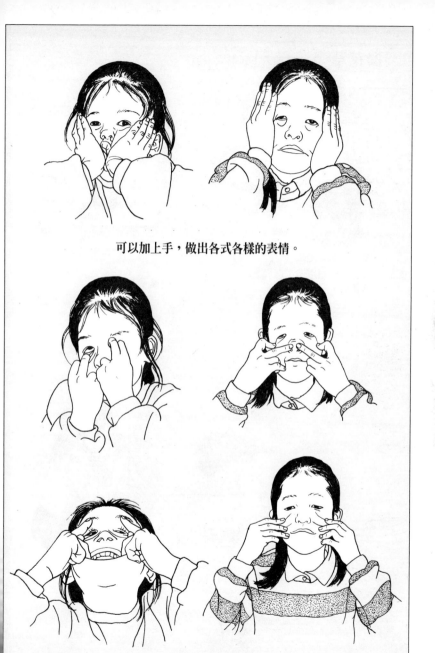

可以加上手，做出各式各樣的表情。

搗花草　坐在涼蓆上玩辦家家酒

將花或葉子咚咚咚搗一搗，就會流出色水

用花瓣當飯

用水將色水調稀之後，就可以做成果汁。

用空罐頭當碗

用葉子當盤子

用樹木果實當菜。

掃晴孃

掃晴孃啊掃晴孃，明天變成好天氣吧！

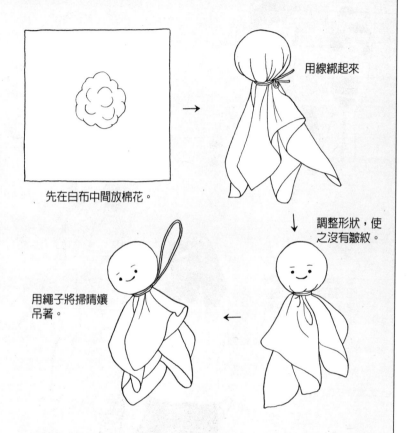

先在白布中間放棉花。

用線綁起來

調整形狀，使之沒有皺紋。

用繩子將掃晴孃吊著。

天氣鞋

"大熱天，小熱天，希望明天好天氣" 邊唱，邊將所穿的鞋子往上拋，正面朝上表示 "晴天"；背面朝上表示 "雨天"，正好側面朝上的話，表示 "陰天"

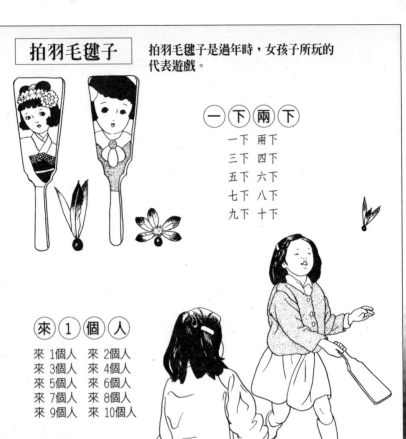

拍羽毛毽子

拍羽毛毽子是過年時，女孩子所玩的代表遊戲。

一下 兩下

一下 兩下
三下 四下
五下 六下
七下 八下
九下 十下

來 1 個 人

來 1個人　　來 2個人
來 3個人　　來 4個人
來 5個人　　來 6個人
來 7個人　　來 8個人
來 9個人　　來 10個人

數 數

一～　　二～
三～　　四～
五～　　六～
七～　　八～
九～　　十～

對於沒拍到的人，在古代會將墨塗在那個人的臉上，以示處罰。

滾鐵環

就是滾竹製圓環，鐵製圓環（古代澡盆的外圈鐵板），或自行車車輪。滾鐵環的祕訣在於要將棒子放在鐵環下方三分之一處。

沒有輪胎的自行車車輪。

呼啦圈

呼啦圈套在身體外圍，使之不落掉地旋轉，要充分運用腰力，使呼啦圈有韻律，有節奏地旋轉。

旋轉遊戲

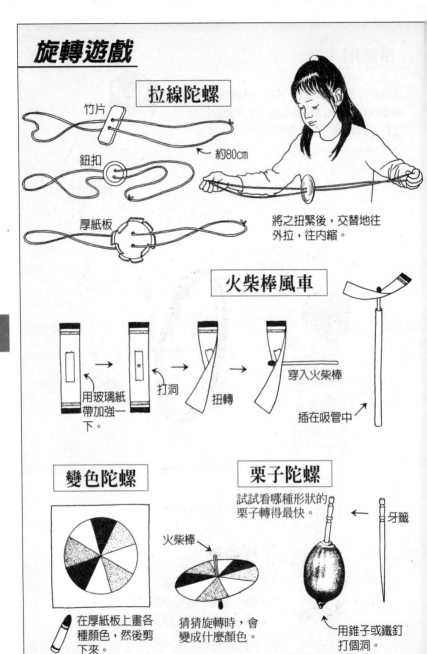

拉線陀螺

竹片

鈕扣

厚紙板

← 約80cm

將之扭緊後,交替地往外拉,往內縮。

火柴棒風車

用玻璃紙帶加強一下。

打洞

扭轉

穿入火柴棒

插在吸管中↗

變色陀螺

在厚紙板上畫各種顏色,然後剪下來。

火柴棒

猜猜旋轉時,會變成什麼顏色。

栗子陀螺

試試看哪種形狀的栗子轉得最快。

← 牙籤

用錐子或鐵釘打個洞。

自製遊戲

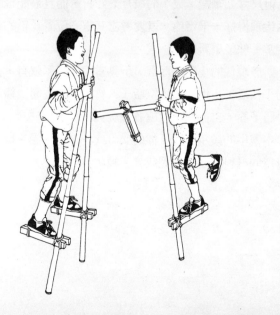

享受各種自製遊戲的樂趣

自己動手做的樂趣，在於用自己的雙手將東西一點一點慢慢地做出來的期待感及完成時的滿足感及成就感。

當然，將所有材料及工具準備好，然後開始做的"工作式遊戲"，當然可以享受到自製玩具的樂趣，但利用身邊，隨處可得的報紙、廣告傳單、手帕、手套，來做玩具，會別有一番樂趣的，用這些材料就可以輕鬆地做出飛機、帽子、布偶等玩具囉！

例如流傳已久的 "折紙"，用一張紙就可以折出千變萬化物體形狀的遊戲，這據說是五、六百年前室町時代開始流傳的古老遊戲，而且只要一張，就能創造出各式各樣有趣的玩具，所以 "折紙"可說是工作式遊戲的原點。

另外，用紙折的"紙飛機"也有很多種，各種紙都可以使用，但尺寸如筆記本大小的紙是最好折，而且最能飛的，若要讓飛機飛得好，飛得遠，就要考慮其重心位置及紙的重量是不是恰當，然後重新再折一次。

對於現代的小孩子而言，玩具當然是買了就有，但對於以前的小孩而言，他們利用空瓶子、竹子、橡皮筋、鐵片、路邊的小石子等，自己動手做成各種玩具。

本書中的幾項遊戲，你的父母或許還有做過、玩過。利用你身邊的材料，還可自製成許多種玩具喔！

折紙的基本方法

– – – – 試折線

谷折法

········ 谷折線

谷折線為向內側折紙

向內折

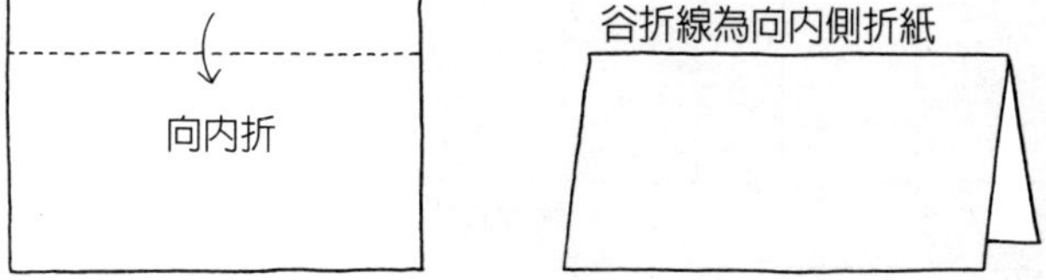

山折法

—·—·— 山折線

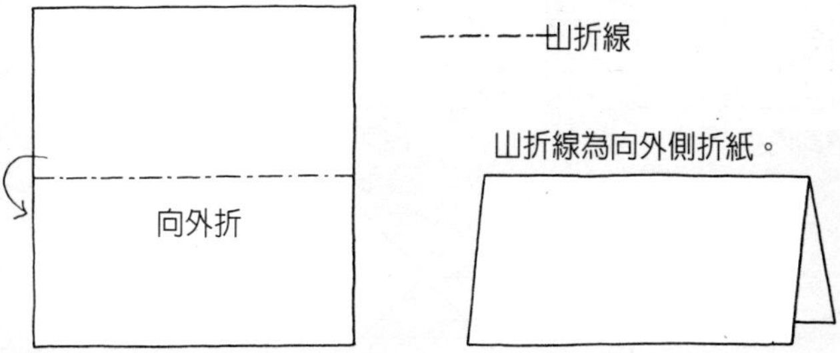

山折線為向外側折紙。

向外折

中分折法

① 中分折法時,若沿此線折的話,就會變到外側。

② 應該如圖的折出折痕,然後恢復原狀。

③ 再將正中間往中間折下去。

④ 完成中分折法。

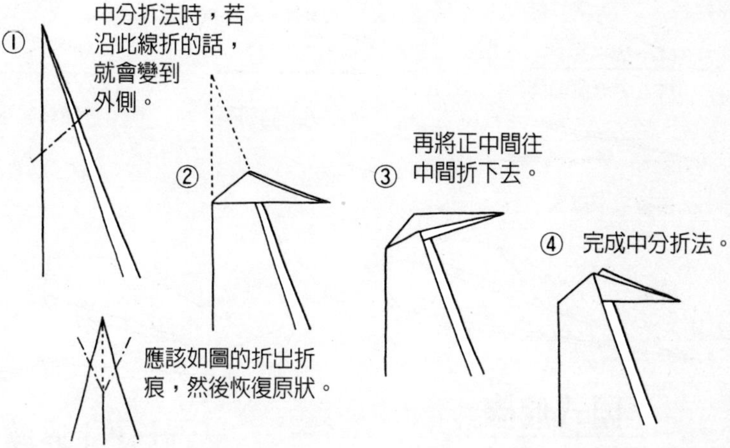

紙飛機

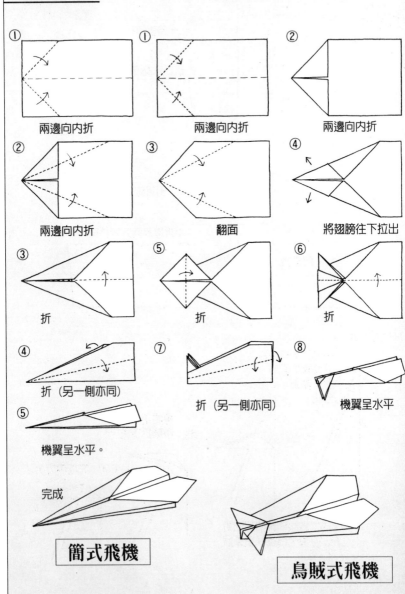

① 兩邊向內折

① 兩邊向內折

② 兩邊向內折

② 兩邊向內折

③ 翻面

④ 將翅膀往下拉出

③ 折

⑤ 折

⑥ 折

④ 折（另一側亦同）

⑦ 折（另一側亦同）

⑧ 機翼呈水平

⑤ 機翼呈水平。

完成

簡式飛機

鳥賊式飛機

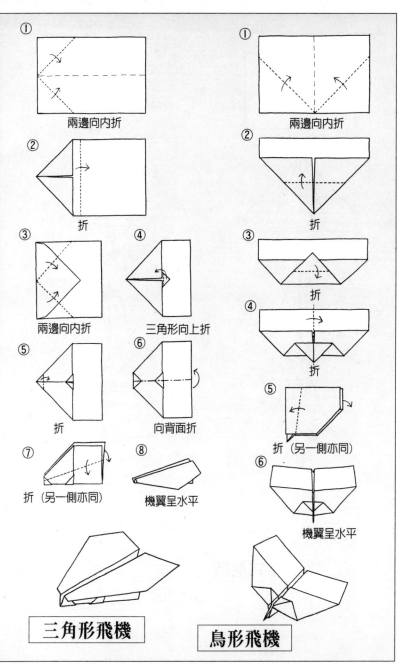

① 兩邊向內折

② 折

③ 兩邊向內折

④ 三角形向上折

⑤ 折

⑥ 向背面折

⑦ 折（另一側亦同）

⑧ 機翼呈水平

三角形飛機

① 兩邊向內折

② 折

③ 折

④ 折

⑤ 折（另一側亦同）

⑥ 機翼呈水平

鳥形飛機

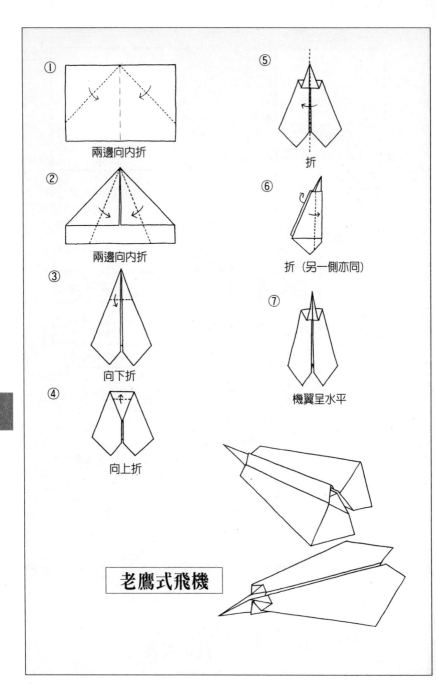

① 兩邊向內折

② 兩邊向內折

③ 向下折

④ 向上折

⑤ 折

⑥ 折（另一側亦同）

⑦ 機翼呈水平

老鷹式飛機

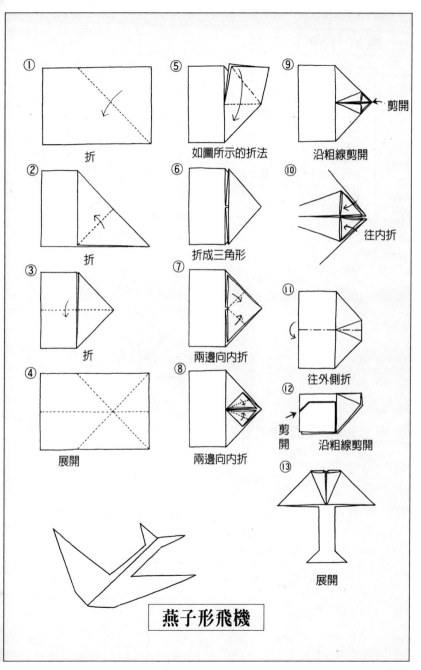

① 折

② 折

③ 折

④ 展開

⑤ 如圖所示的折法

⑥ 折成三角形

⑦ 兩邊向內折

⑧ 兩邊向內折

⑨ 剪開　沿粗線剪開

⑩ 往內折

⑪ 往外側折

⑫ 剪開　沿粗線剪開

⑬ 展開

燕子形飛機

315

紙直升機

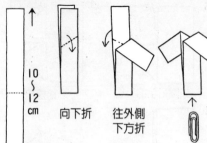

10
～
12
cm

1 cm

向下折　　往外側
　　　　　下方折

迴紋針

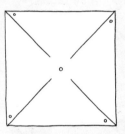

用圖畫紙、千代紙等
都很漂亮。

風車

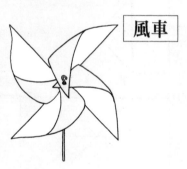

飛碟

UFO

如牛奶瓶蓋的厚紙片

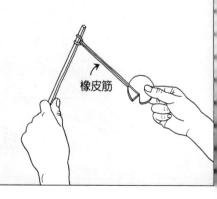

橡皮筋

316

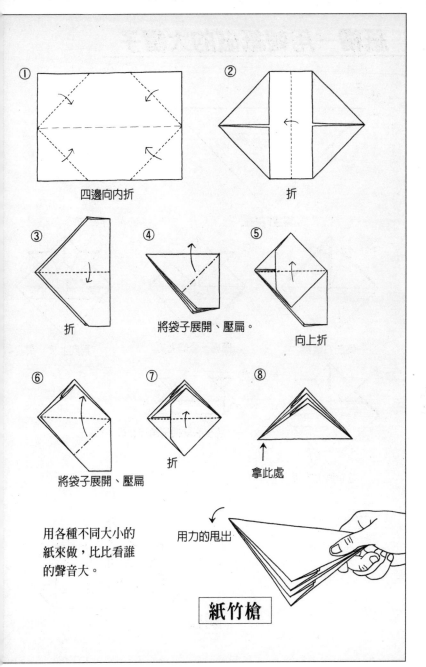

① 四邊向內折

② 折

③ 折

④ 將袋子展開、壓扁。

⑤ 向上折

⑥ 將袋子展開、壓扁

⑦ 折

⑧ 拿此處

用各種不同大小的
紙來做，比比看誰
的聲音大。

用力的甩出

紙竹槍

紙帽—用報紙做的大帽子

①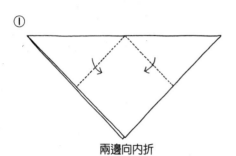

兩邊向內折

②

向上折

③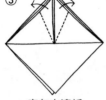

向左右邊折

④

僅將一張向上折

⑤

再向上折一次

⑥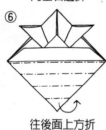

往後面上方折

⑦

將左右兩邊的角向上折

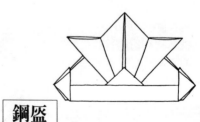

鋼盔

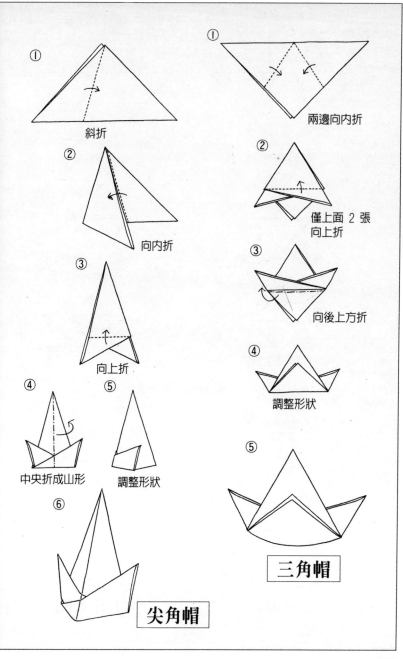

① 斜折

② 向内折

③ 向上折

④ 中央折成山形

⑤ 調整形狀

⑥ **尖角帽**

① 兩邊向內折

② 僅上面 2 張向上折

③ 向後上方折

④ 調整形狀

⑤ **三角帽**

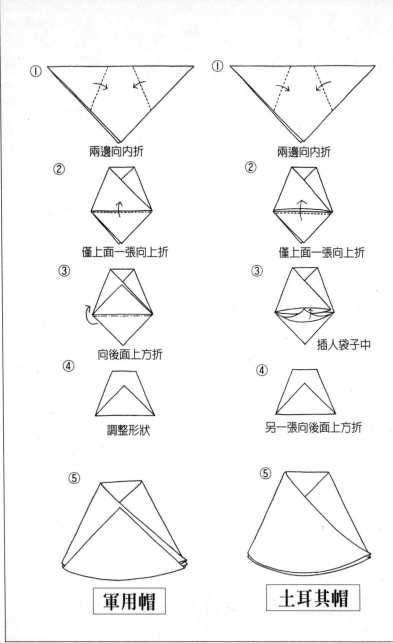

① 兩邊向內折

② 僅上面一張向上折

③ 向後面上方折

④ 調整形狀

⑤

軍用帽

① 兩邊向內折

② 僅上面一張向上折

③ 插入袋子中

④ 另一張向後面上方折

⑤

土耳其帽

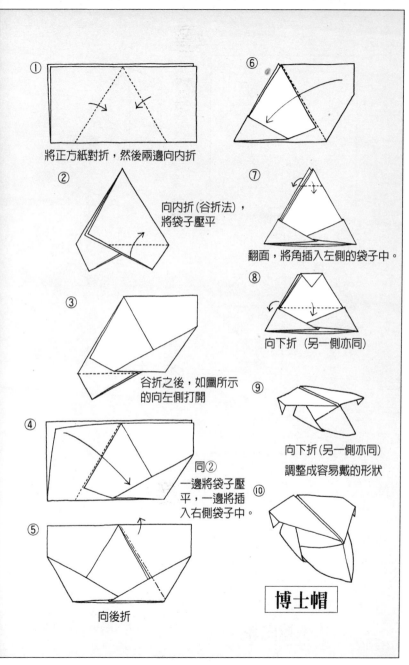

① 將正方紙對折，然後兩邊向内折

② 向内折（谷折法），將袋子壓平

③ 谷折之後，如圖所示的向左側打開

④ 同②
一邊將袋子壓平，一邊將插入右側袋子中。

⑤ 向後折

⑥

⑦ 翻面，將角插入左側的袋子中。

⑧ 向下折（另一側亦同）

⑨ 向下折（另一側亦同）
調整成容易戴的形狀

⑩

博士帽

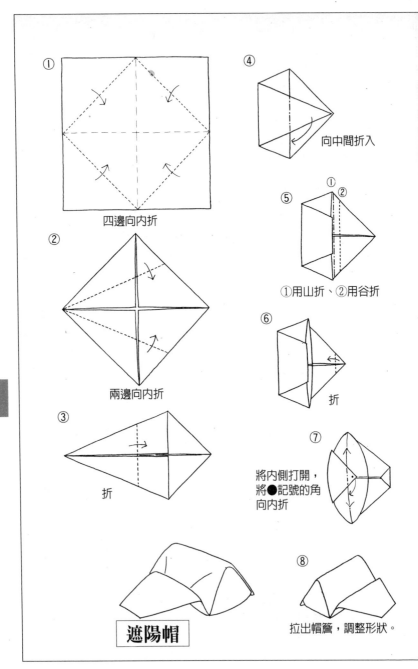

① 四邊向內折

② 兩邊向內折

③ 折

④ 向中間折入

⑤ ①用山折、②用谷折

⑥ 折

⑦ 將內側打開，將●記號的角向內折

⑧ 拉出帽簷，調整形狀。

遮陽帽

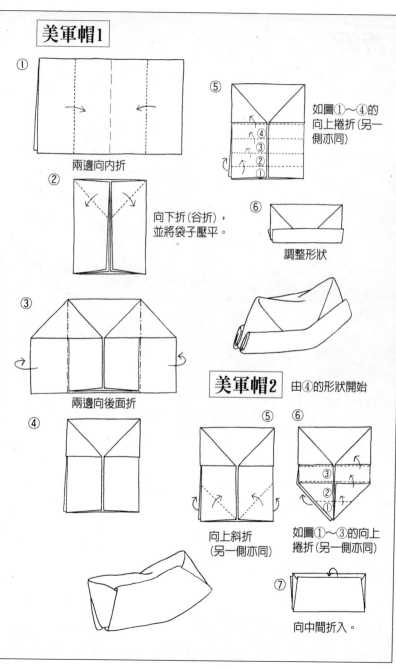

美軍帽1

① 兩邊向內折

② 向下折(谷折)，並將袋子壓平。

③ 兩邊向後面折

④

⑤ 如圖①～④的向上捲折(另一側亦同)

⑥ 調整形狀

美軍帽2　由④的形狀開始

⑤ 向上斜折(另一側亦同)

⑥ 如圖①～③的向上捲折(另一側亦同)

⑦ 向中間折入。

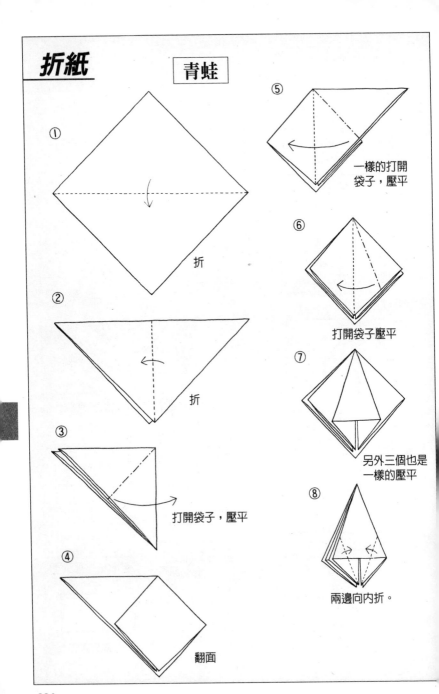

折紙

青蛙

① 折

② 折

③ 打開袋子，壓平

④ 翻面

⑤ 一樣的打開袋子，壓平

⑥ 打開袋子壓平

⑦ 另外三個也是一樣的壓平

⑧ 兩邊向內折。

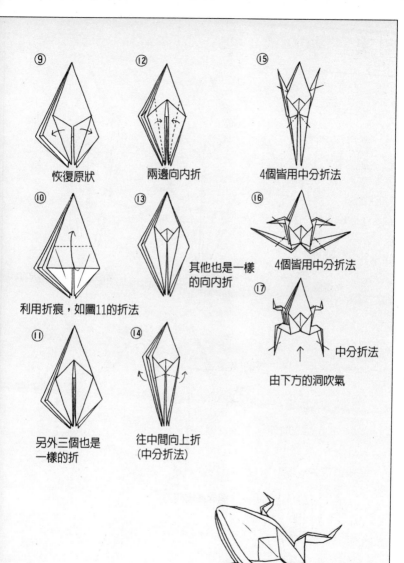

⑨ 恢復原狀

⑩ 利用折痕，如圖11的折法

⑪ 另外三個也是一樣的折

⑫ 兩邊向內折

⑬ 其他也是一樣的向內折

⑭ 往中間向上折（中分折法）

⑮ 4個皆用中分折法

⑯ 4個皆用中分折法

⑰ 中分折法

由下方的洞吹氣

青蛙出爐了。

鬼 （由青蛙的步驟 12 開始）

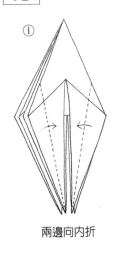

① 兩邊向內折

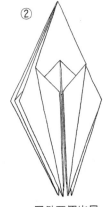

② 另外三個也是向內折

③ 四個皆採中分折法

④ 中分折法

⑤ 剪開 → 剪開後攤開。

⑥ 鬼出現了。

①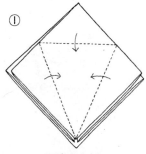

三邊向內折

②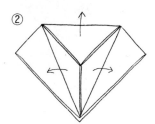

折出折痕，然後恢復後原狀

③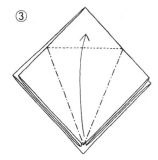

打開上面 1 張，然後
壓平袋子。

④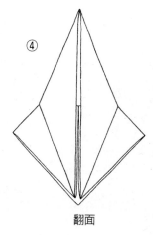

翻面

⑤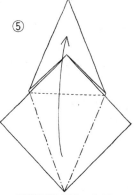

同樣折出折痕，打開，
壓平袋子。

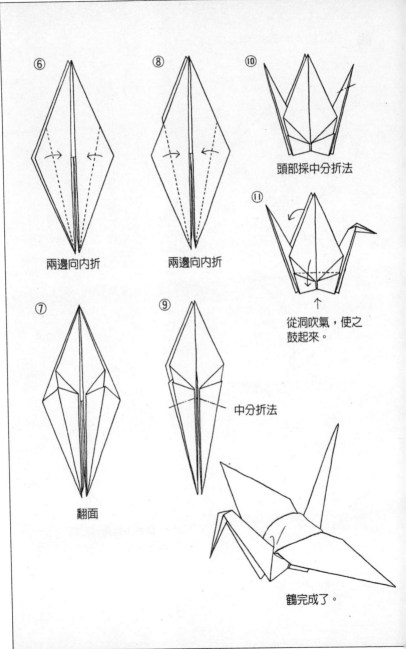

⑥

兩邊向內折

⑧

兩邊向內折

⑩

頭部採中分折法

⑪

從洞吹氣,使之
鼓起來。

⑦

翻面

⑨

中分折法

鶴完成了。

振翅而飛鳥 （由鶴的步驟6開始）

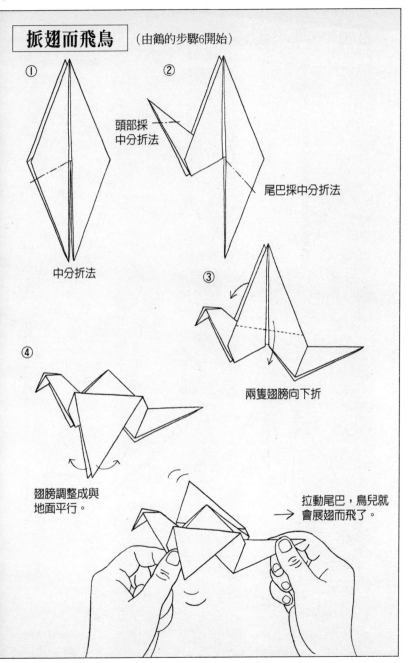

① 中分折法

② 頭部採中分折法
尾巴採中分折法

③ 兩隻翅膀向下折

④ 翅膀調整成與地面平行。

拉動尾巴，鳥兒就 → 會展翅而飛了。

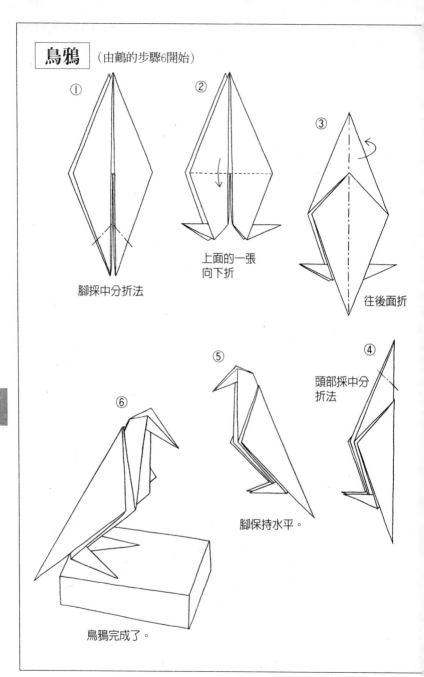

烏鴉 （由鶴的步驟6開始）

① 腳採中分折法

② 上面的一張向下折

③ 往後面折

④ 頭部採中分折法

⑤ 腳保持水平。

⑥ 烏鴉完成了。

會跳躍的青蛙

① 兩邊兩內折

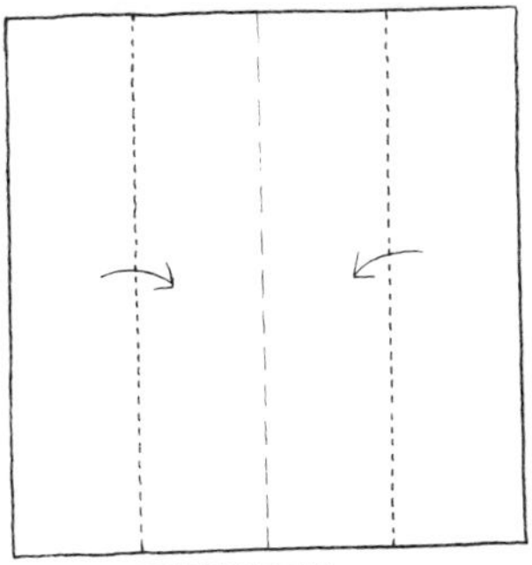

② 兩邊向內折

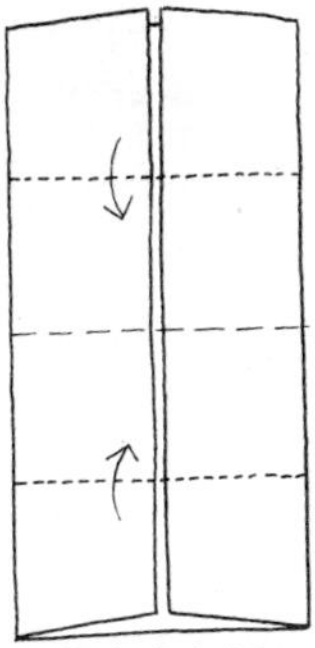

③ 上面兩邊向內折

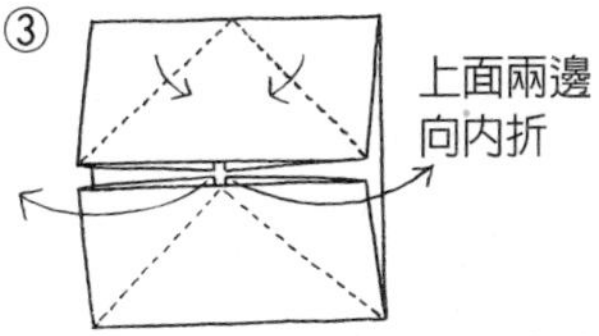

折出折痕，恢復原狀，然後將袋子壓平

④ 向上翻，恢復原狀

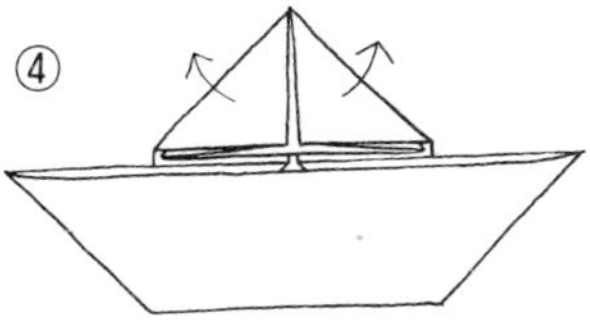

⑤ 以兩邊的此處為中心，重新再折一次

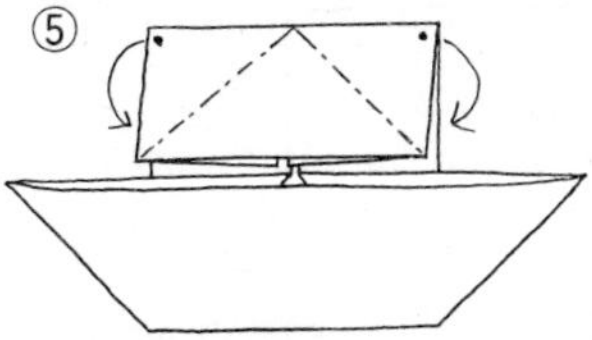

⑥ 分別依圖上的山折線及谷折線折好

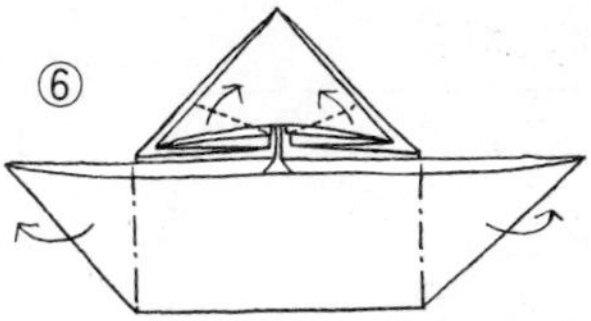

⑦ 兩邊向內折

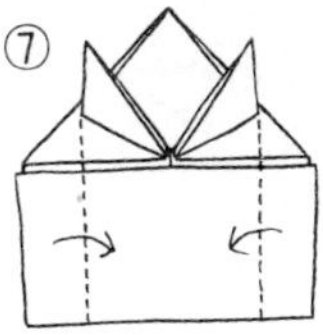

⑧ 向上折

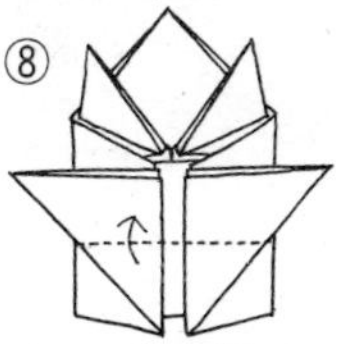

⑨ 如圖分別折好

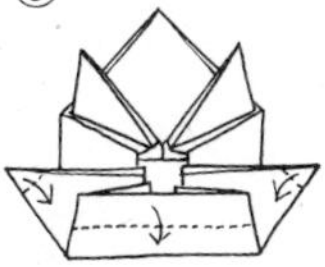

⑩ 畫上眼睛

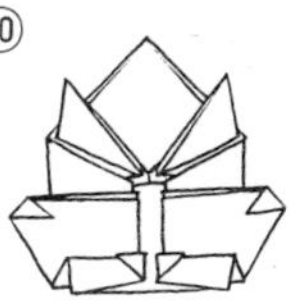

⑪ 輕輕壓一下屁股，就會跳起來了喔！

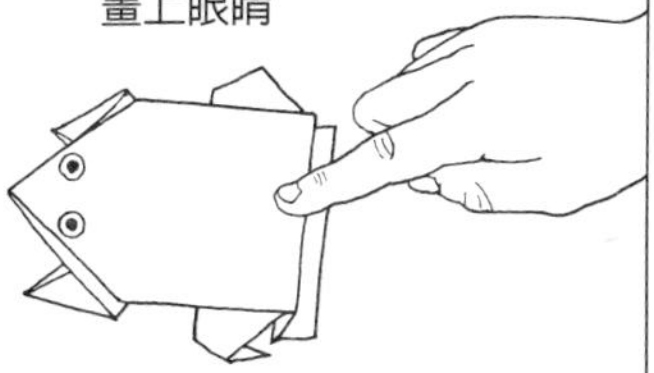

鋼琴

①

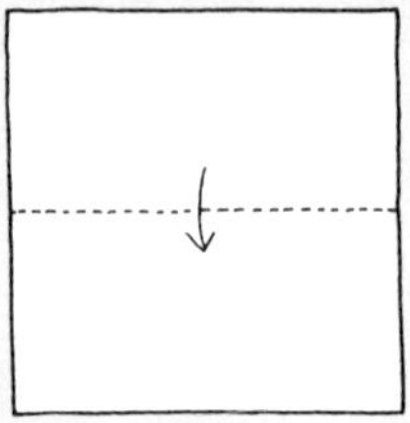

對折

②

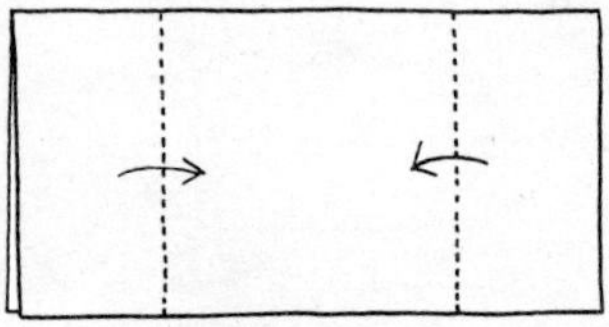

兩邊向內折

③

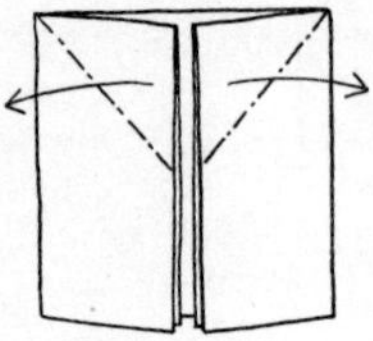

打開，壓平

④

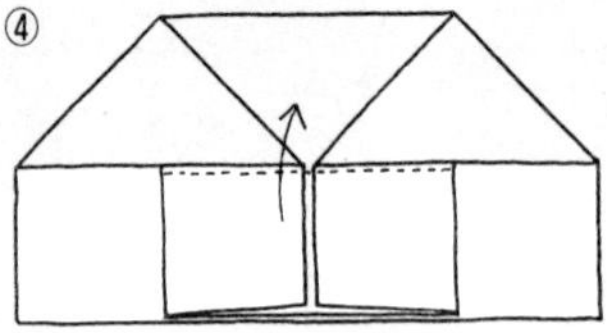

向上折

⑤

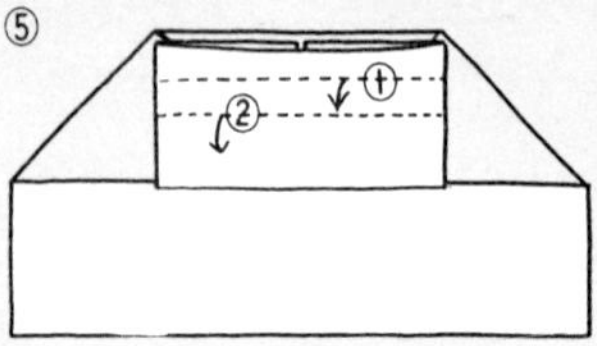

如①～②的向下捲折

⑥

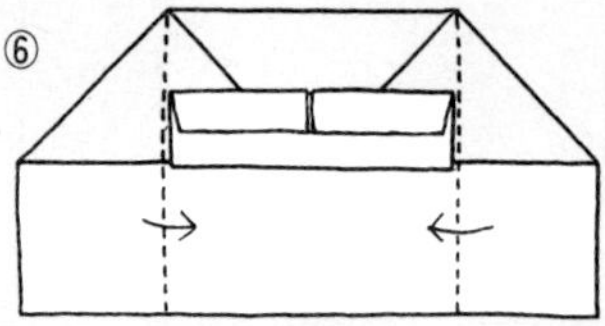

兩邊向內折

⑦

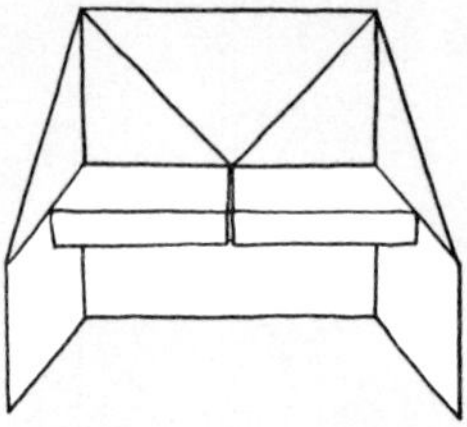

鍵盤放下來，調整形狀

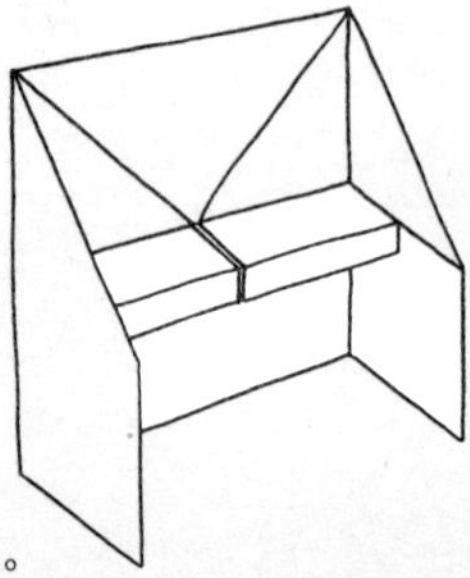

鋼琴完成了。

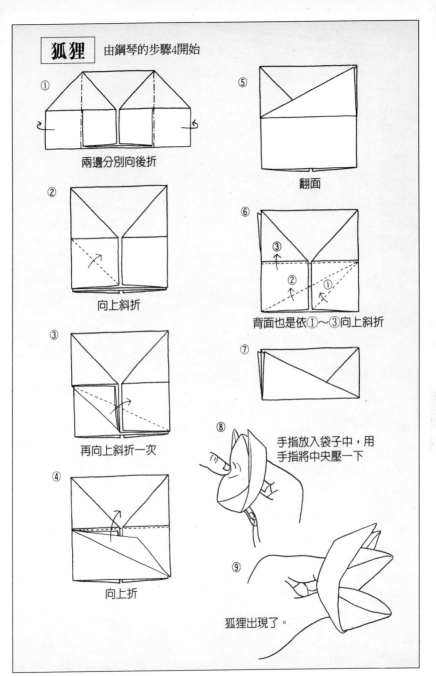

狐狸 由鋼琴的步驟4開始

① 兩邊分別向後折

② 向上斜折

③ 再向上斜折一次

④ 向上折

⑤ 翻面

⑥ 背面也是依①～③向上斜折

⑦

⑧ 手指放入袋子中,用手指將中央壓一下

⑨ 狐狸出現了。

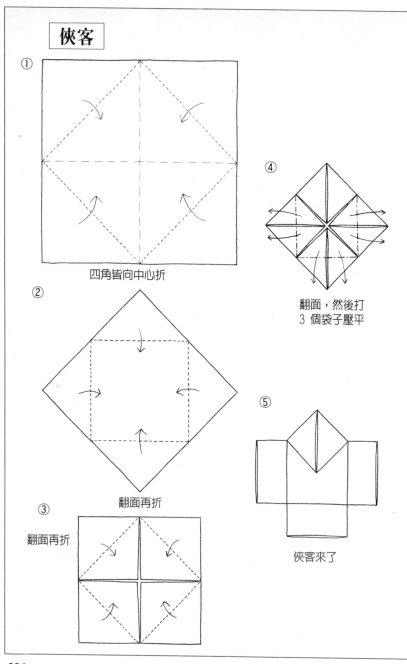

俠客

① 四角皆向中心折

② 翻面再折

③ 翻面再折

④ 翻面，然後打
3 個袋子壓平

⑤ 俠客來了

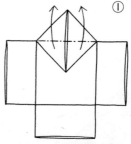

① 分別往左右箭號的方向拉出。

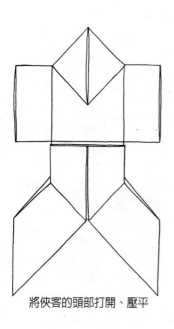

將俠客的頭部打開、壓平

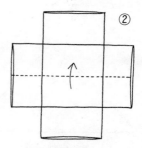

② 和式褲裙做好了

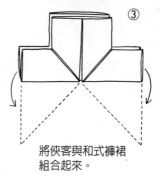

③ 將俠客與和式褲裙組合起來。

④ 向上折

蟬(1)

① 對折成三角形

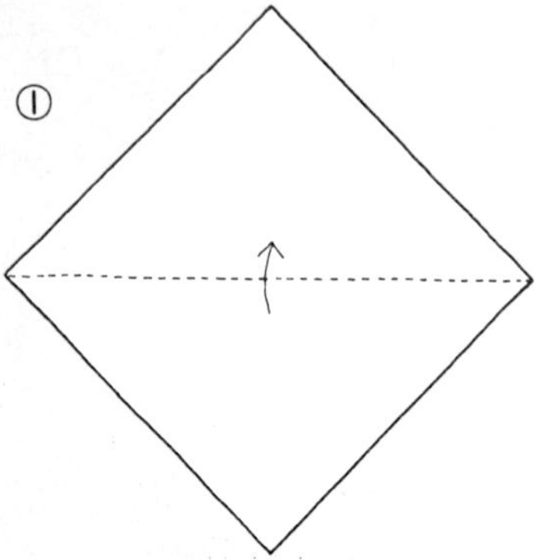

② 兩邊向內斜折

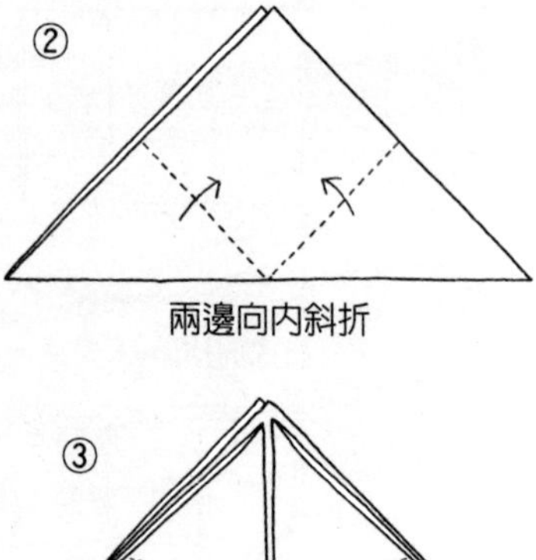

③ 上面的一張
向下斜折

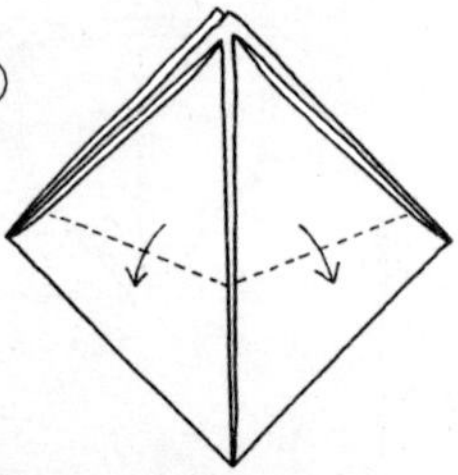

④ 上面的一張向下折

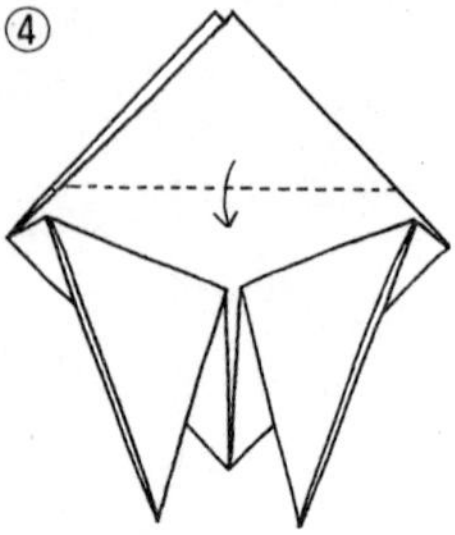

⑤ 另一張與上一張錯開向下折

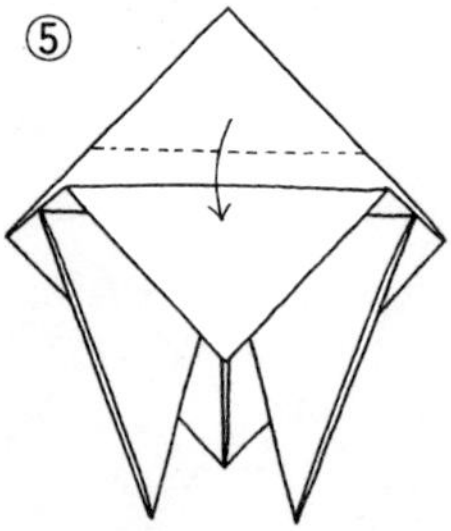

⑥ 向後斜折

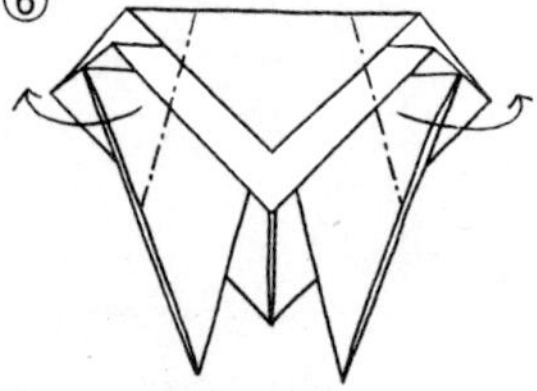

⑦ 折出眼睛

⑧ 蟬(1)完成了。

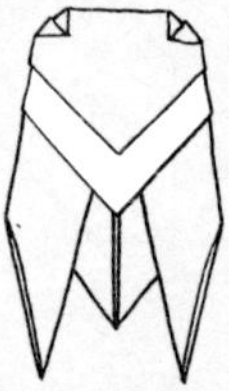

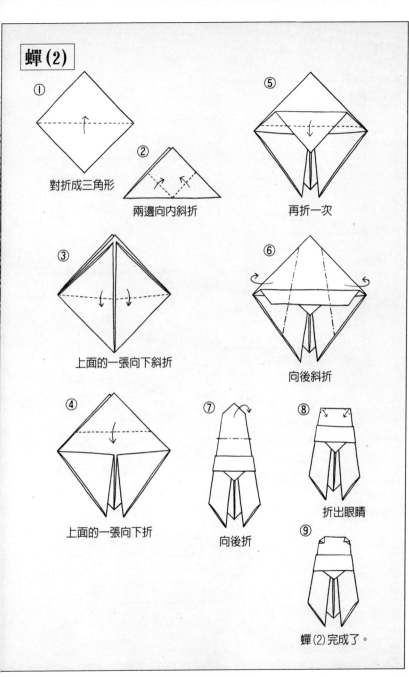

蟬(2)

① 對折成三角形

② 兩邊向內斜折

③ 上面的一張向下斜折

④ 上面的一張向下折

⑤ 再折一次

⑥ 向後斜折

⑦ 向後折

⑧ 折出眼睛

⑨ 蟬(2)完成了。

船

① 上下向內折

④ 上下向內折

② 四個角向內折

⑤ 依箭號方向打開

③ 四個角向內折

⑥ 依箭號方向翻過來

⑦

船完成了

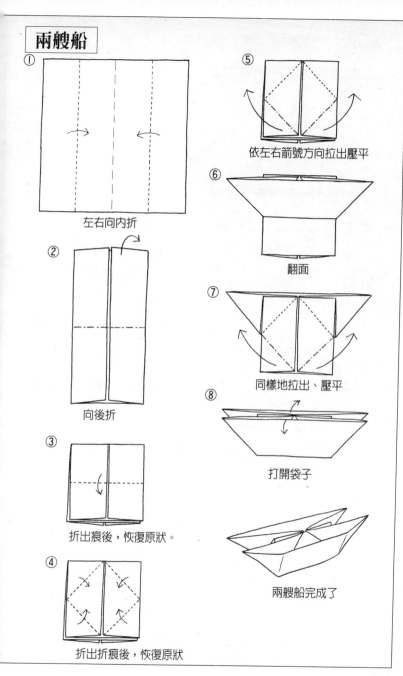

兩艘船

① 左右向内折

② 向後折

③ 折出痕後，恢復原狀。

④ 折出折痕後，恢復原狀

⑤ 依左右箭號方向拉出壓平

⑥ 翻面

⑦ 同樣地拉出、壓平

⑧ 打開袋子

兩艘船完成了

風車 （由兩艘船的步驟 8 開始）

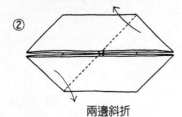

① 左右打開

② 兩邊斜折

③ 風車完成了

 帆船

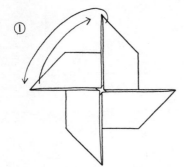

① 從風車完成圖開始，如圖的斜折

② 向上斜折

③ 帆船完成了

※帆船折法與舟相同。

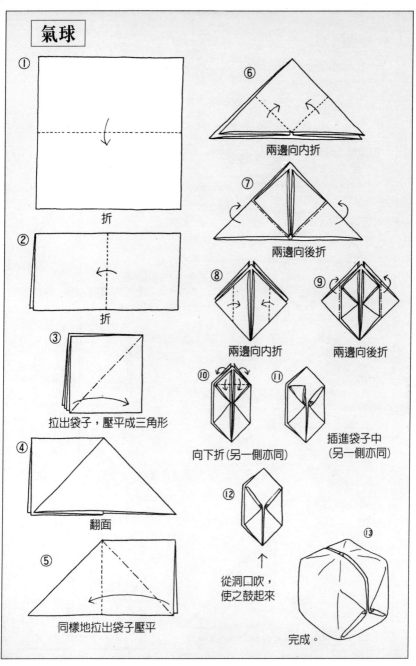

氣球

① 折

② 折

③ 拉出袋子，壓平成三角形

④ 翻面

⑤ 同樣地拉出袋子壓平

⑥ 兩邊向內折

⑦ 兩邊向後折

⑧ 兩邊向內折

⑨ 兩邊向後折

⑩ 向下折(另一側亦同)

⑪ 插進袋子中(另一側亦同)

⑫ 從洞口吹，使之鼓起來

⑬ 完成。

341

木方盤 (1)

① 四個角向內折

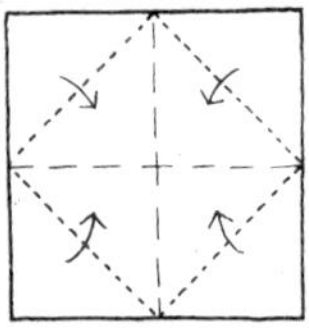

② 向後折

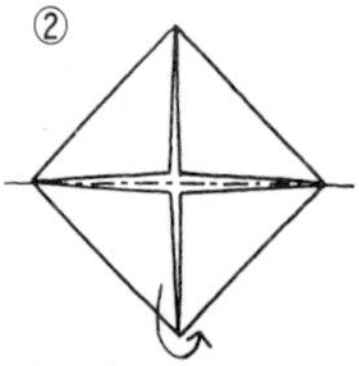

③ 折

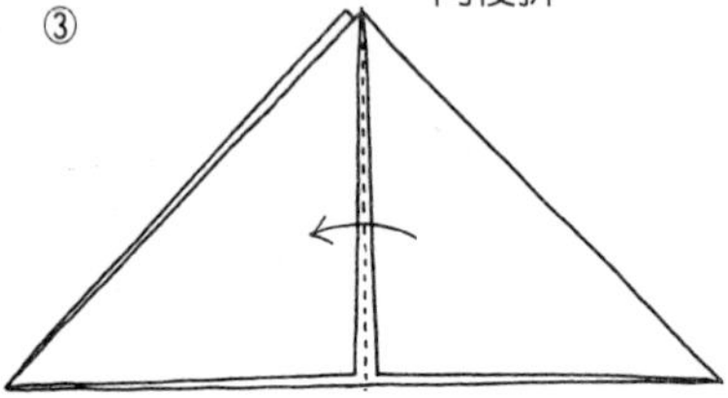

④ 打開袋子，壓平。

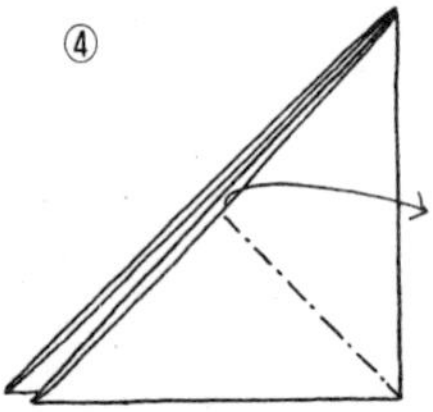

⑤ 翻面

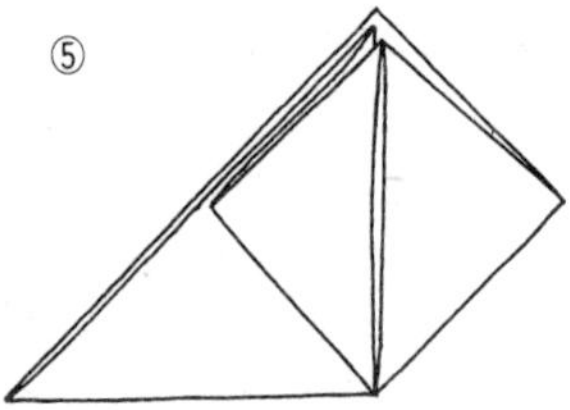

⑥ 背面也是同樣地打開袋子壓平

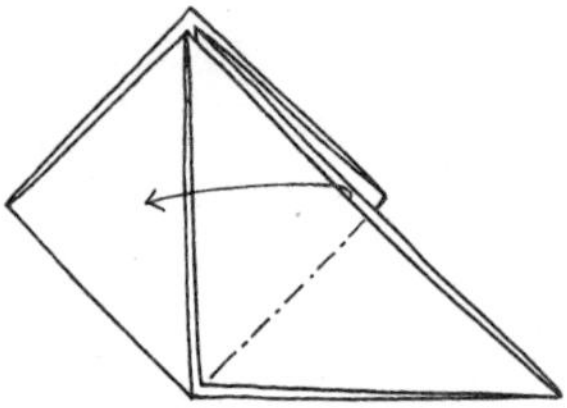

⑦ 兩邊向內折

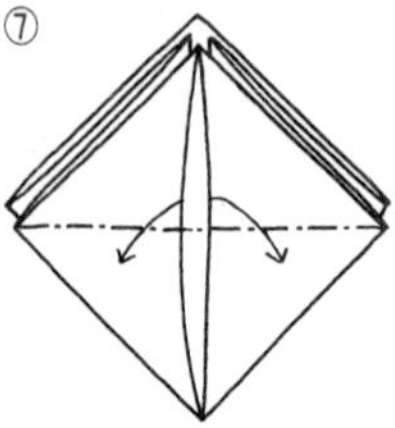

⑧ 打開袋子，壓平（另一側亦同）。

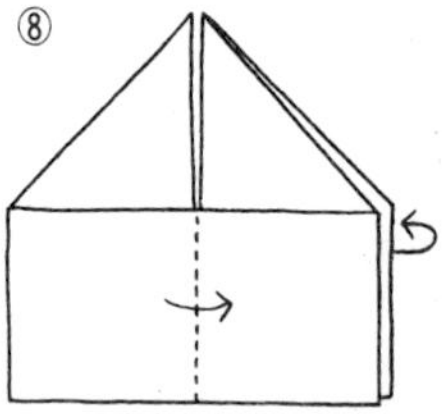

⑨ 往箭號方向折，換另外一面

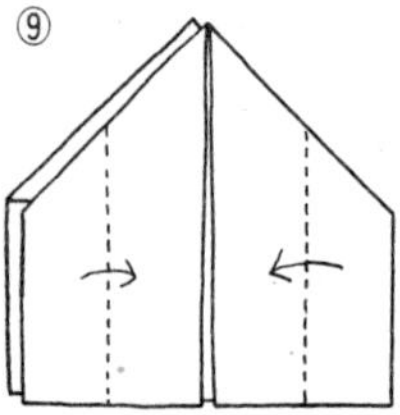

⑩ 兩邊往後折

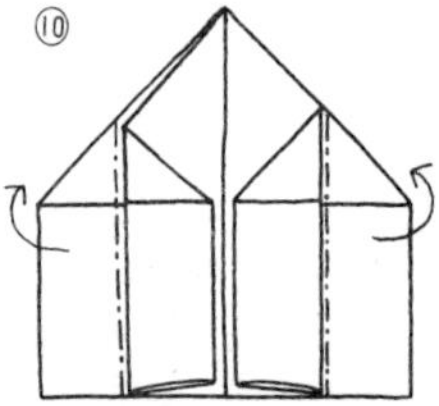

⑪ 向下折

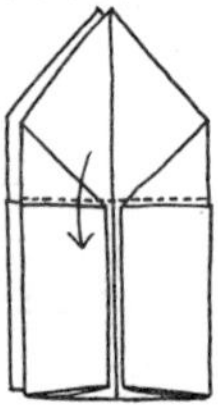

⑫ 向後折

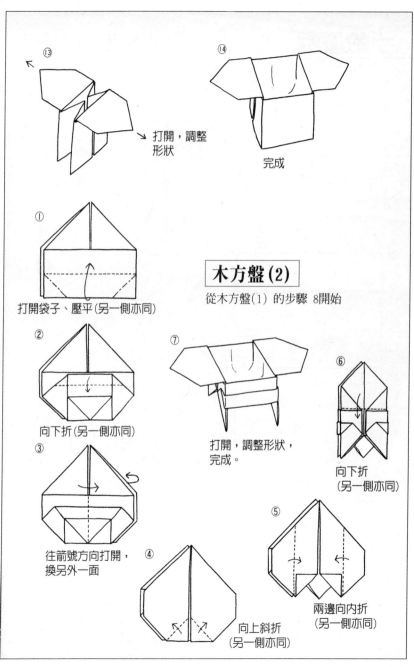

⑬ 打開,調整
形狀

⑭ 完成

① 打開袋子、壓平(另一側亦同)

木方盤(2)

從木方盤(1) 的步驟 8開始

② 向下折(另一側亦同)

⑦ 打開,調整形狀,
完成。

⑥ 向下折
(另一側亦同)

③ 往箭號方向打開,
換另外一面

④ 向上斜折
(另一側亦同)

⑤ 兩邊向內折
(另一側亦同)

手帕遊戲

小紅帽

①

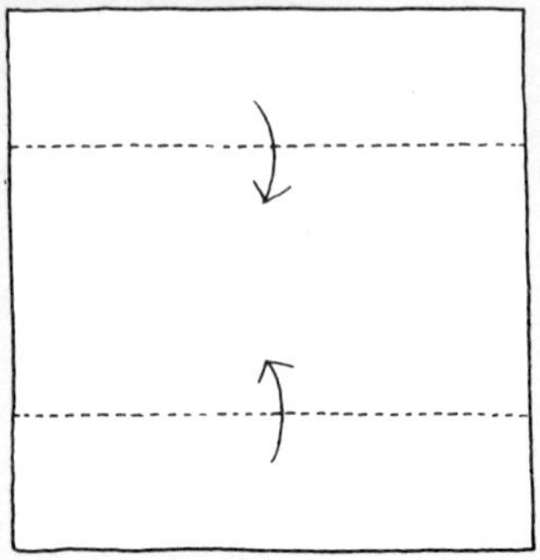

② 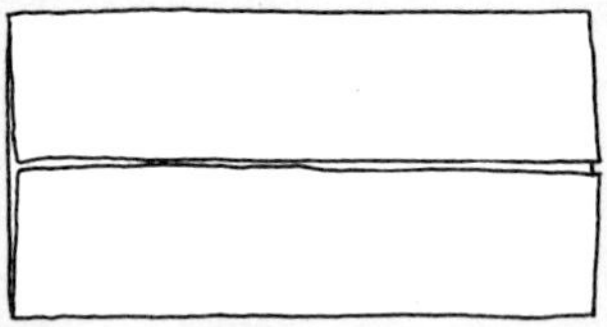 翻面

③ 向下斜折

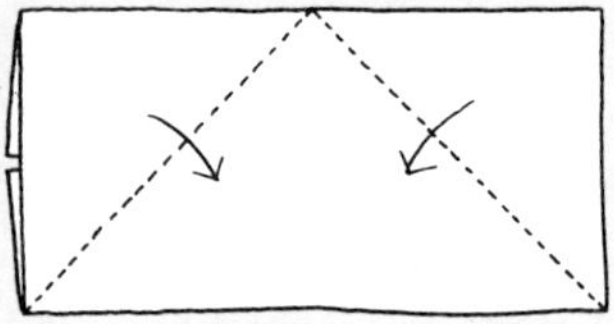

④ 向上斜折

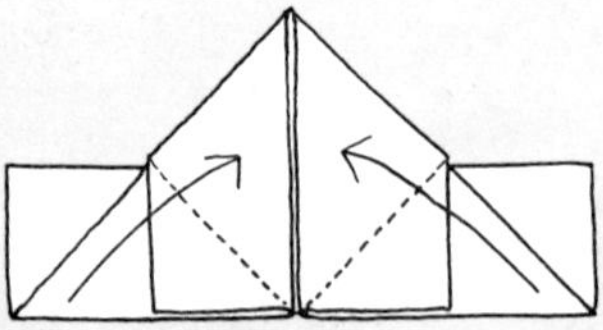

⑤ 向下倒插

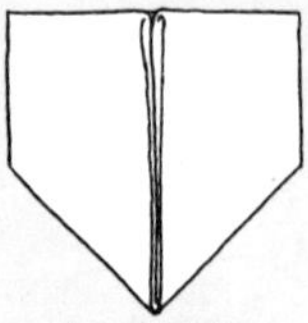

⑥ 向內斜折

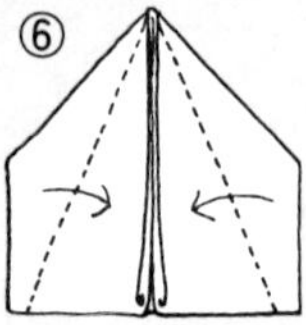

⑦

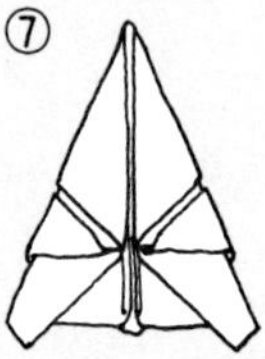

⑧ 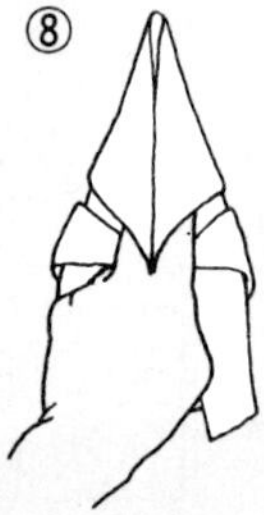 放入食指及中指

⑨ 將○的部分向上拉，蓋住✕的部份。

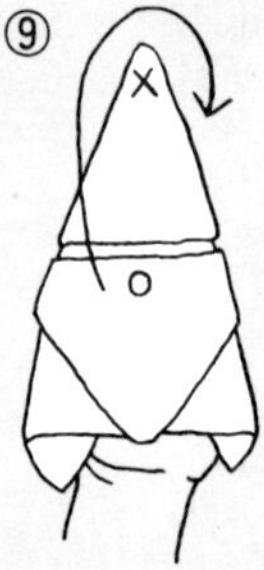

⑩

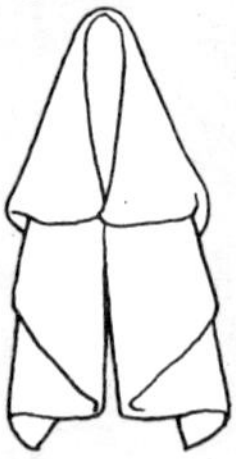

⑪  將頭巾展開，做成臉部

⑫ 小紅帽完成。

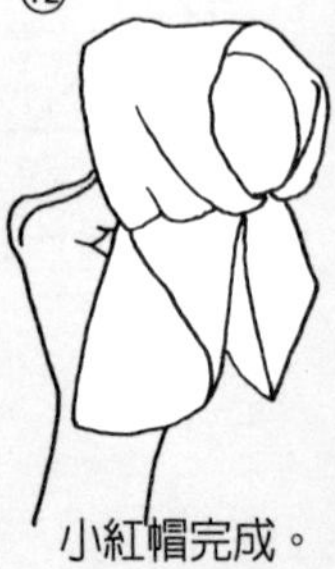

344

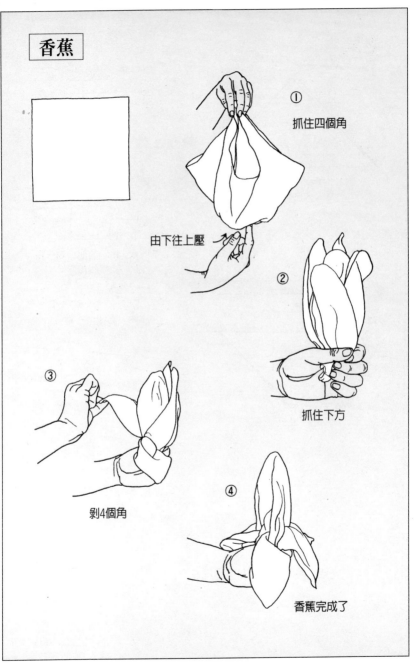

香蕉

① 抓住四個角

由下往上壓

② 抓住下方

③ 剝4個角

④ 香蕉完成了

老鼠

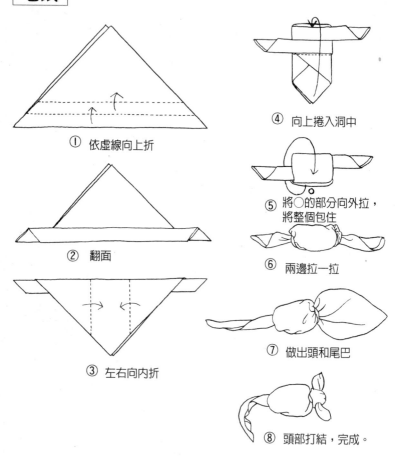

① 依虛線向上折

② 翻面

③ 左右向內折

④ 向上捲入洞中

⑤ 將○的部分向外拉，
將整個包住

⑥ 兩邊拉一拉

⑦ 做出頭和尾巴

⑧ 頭部打結，完成。

完成之後，可以放在手心玩耍。

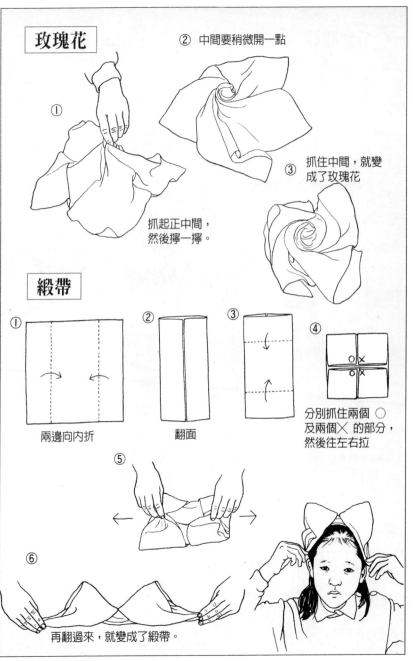

玫瑰花

② 中間要稍微開一點

① 抓起正中間，然後擰一擰。

③ 抓住中間，就變成了玫瑰花

緞帶

① 兩邊向內折

② 翻面

③

④ 分別抓住兩個 ○ 及兩個 ✕ 的部分，然後往左右拉

⑤

⑥ 再翻過來，就變成了緞帶。

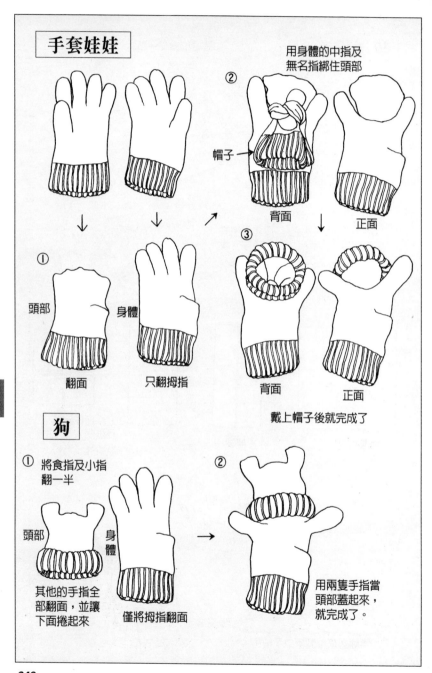

手套娃娃

用身體的中指及無名指綁住頭部

② 背面　正面

帽子

① 頭部　身體

翻面　只翻拇指

③ 背面　正面

戴上帽子後就完成了

狗

① 將食指及小指翻一半

頭部　身體

其他的手指全部翻面，並讓下面捲起來

僅將拇指翻面

② 用兩隻手指當頭部蓋起來，就完成了。

毛巾金魚

在浴室中

熱水、冷水、水蒸氣、肥皂、
毛巾、木桶,浴室中有很多可
變成遊戲的道具喔!

雙手交叉,手心夾住水,然後
用力射出去,就變成了水槍

① 將對折的毛巾捲起來

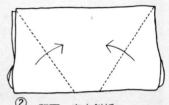

② 翻面,向內斜折

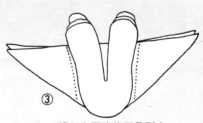

③ 將左右兩邊的三角形向
內折,然後綁起來。

完成

⑤

它會在浴缸中飄來游去的喔!

④ 吹入空氣,使之鼓起來。

七巧板遊戲

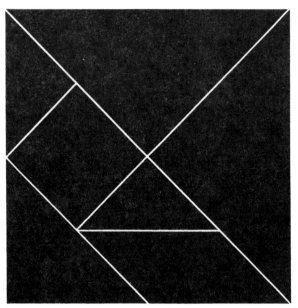

將一塊厚紙板裁成正方形，如上圖的做成七塊板了，然後用這七塊板子,組合成各種形狀。

在此所舉的例子只是七巧板可組合成的圖案的一小部分，你可以發揮創意，創造更多有趣的圖案。

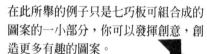

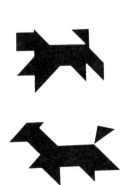

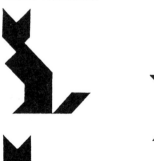

製做外星人

外星人(1)

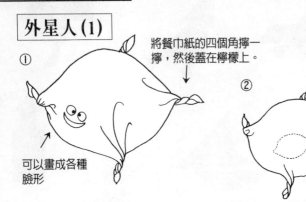

① 可以畫成各種臉形

將餐巾紙的四個角擰一擰,然後蓋在檸檬上。

② 輕輕按一下,檸檬就會亂滾,由外面看起來就會很有趣。

外星人(2)

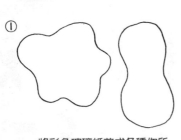

① 將彩色玻璃紙剪成各種你所喜歡的形狀。

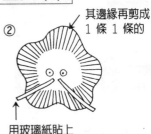

② 其邊緣再剪成1條1條的

用玻璃紙貼上眼睛及鬍鬚

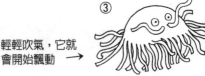

③ 輕輕吹氣,它就會開始飄動 →

玻璃紙含有水分,會動來動去。

嚇人昆蟲

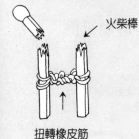

火柴棒

扭轉橡皮筋

放在餅乾盒下或書本中，別人打開之後，嚇人昆蟲跑出來，大家一定會嚇得雞飛狗跳，驚聲尖叫。

石製昆蟲

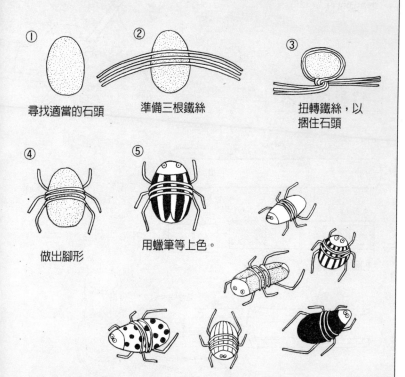

① 尋找適當的石頭

② 準備三根鐵絲

③ 扭轉鐵絲，以捆住石頭

④ 做出腳形

⑤ 用蠟筆等上色。

製作各式木球

紙杯製接球器

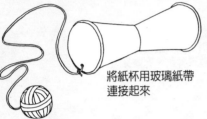

將紙杯用玻璃紙帶連接起來

將報紙做成圓形，然後用膠帶包成球狀

接玻璃紙圈

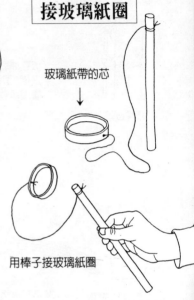

玻璃紙帶的芯

用棒子接玻璃紙圈

竹製接球器

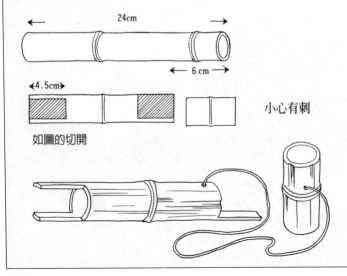

24cm

6 cm

4.5cm

如圖的切開

小心有刺

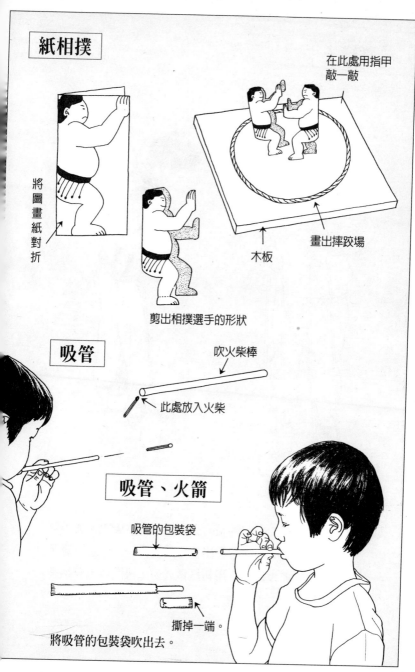

紙相撲

在此處用指甲敲一敲

將圖畫紙對折

剪出相撲選手的形狀

木板

畫出摔跤場

吸管

吹火柴棒

此處放入火柴

吸管、火箭

吸管的包裝袋

撕掉一端。

將吸管的包裝袋吹出去。

踩罐子

<玩法>將二個空罐頭的底部打洞，然後穿入繩子就
完成了。走的時候會發出如馬蹄的聲音。一邊踩罐子
，一邊玩抓鬼遊戲，用報紙做成刀來決鬥等，有很多
種的玩法。

踩高蹺　兩根竹子分別綁上橫木即可。踩高蹺是1,000 多年以前流傳下來的遊戲。

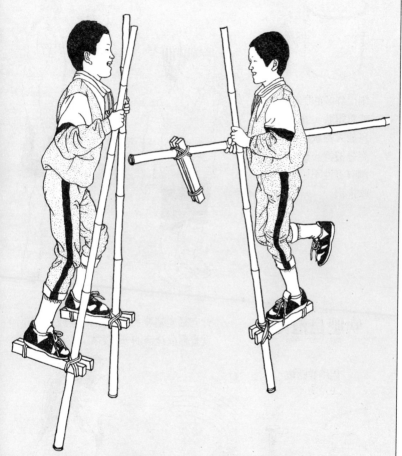

<玩法>踩高蹺可以用走的、用跑的，習慣的話，可以用單腳跳的。最開始叫人力馬，高度幾乎接近地面，然後慢慢演變成現在的高度。

製造彩虹

 ← 吸管

削出許多的肥皂屑屑
或將粉狀、液體的肥
皂放入熱水中，然後
充分攪拌。化合清潔
劑有毒性不適合用來
吹泡泡。

吹肥皂泡泡

背向陽光站著，然後將水呈霧狀的噴出，
就會形成淺淺的一道彩虹。

用噴霧器會
更方便。

紅色

紫色

烤墨紙

到藥房去買明礬（枯礬也可以），溶解在水裡，也可產生同樣的效果。

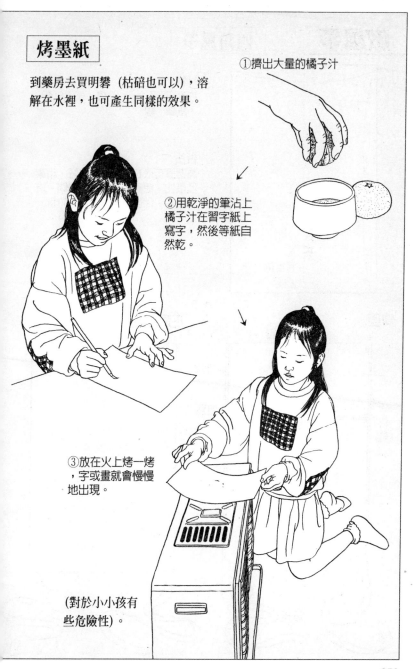

①擠出大量的橘子汁

②用乾淨的筆沾上橘子汁在習字紙上寫字，然後等紙自然乾。

③放在火上烤一烤，字或畫就會慢慢地出現。

(對於小小孩有些危險性)。

做風箏 四角風箏

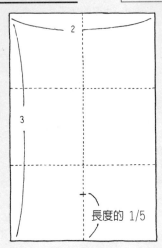

2
3
長度的 1/5

材料
竹籤(直徑 3mm) 4 根、玻璃紙帶
、紙條、線

做法
將塑膠布依右圖的比例裁好,用東
西壓住,使塑膠布平平地攤開,沒
有皺褶,然後用玻璃紙帶貼竹籤
上。

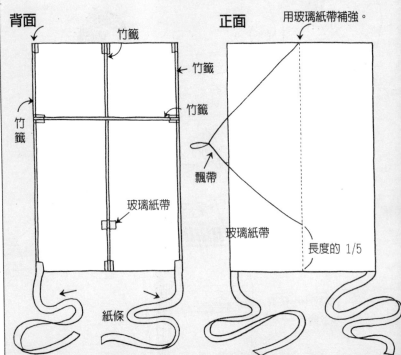

背面

竹籤
← 竹籤
← 竹籤
竹籤
玻璃紙帶
紙條

正面

用玻璃紙帶補強。

飄帶
玻璃紙帶
長度的 1/5

菱形風箏

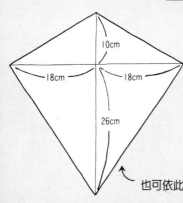

材料
竹籤(直徑 2mm 長 36cm) 2根、
塑膠布、玻璃紙帶、紙條、線

做法
將塑膠布如圖所示的裁好，將塑
膠布拉平，放上竹籤，用玻璃紙
帶固定。

10cm

18cm — 18cm

26cm

也可依此比例再做大一點的風箏。

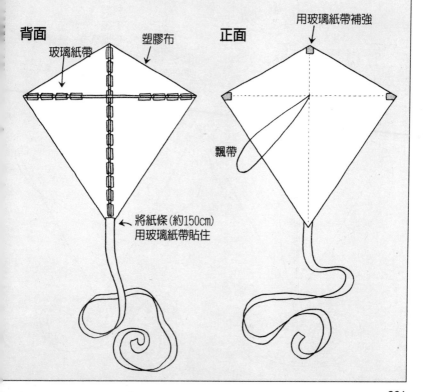

背面

玻璃紙帶
塑膠布

正面

用玻璃紙帶補強

飄帶

將紙條(約150cm)
用玻璃紙帶貼住

無骨風箏

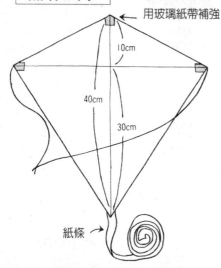

用玻璃紙帶補強

10cm

40cm

30cm

紙條 →

材料
厚的圖畫紙、玻璃紙帶紙條、線

做法
將厚的圖畫紙如圖所示的裁好，
不貼上竹籤，直接貼上線而已。

材料
竹籤、塑膠布、線、
玻璃紙帶、紙條

作法
將塑膠布裁成如圖所示的大小，縱向
貼上竹籤，然後用玻璃紙帶固定。

1 根骨的風箏

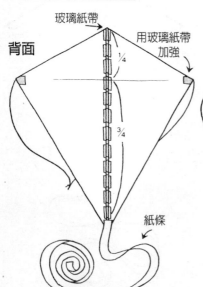

玻璃紙帶

用玻璃紙帶
加強

背面

$\frac{1}{4}$

$\frac{3}{4}$

紙條

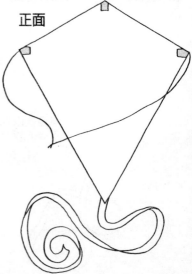

正面

折紙風箏

材料
大張的千代紙 2張
厚紙板 1張
漿糊
紙條

① 將 2張千代紙貼在一起

② 貼上寬 5mm 的厚紙板。

③ ½ ↑ ½ ↓

穿上飄帶

④

紙條

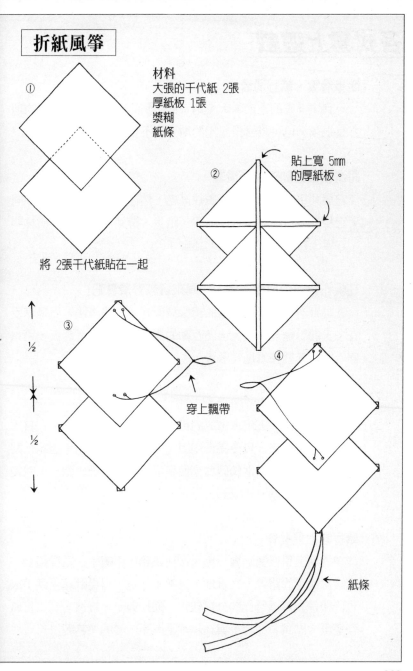

各式雪上遊戲

徒步滑雪、越野滑雪

一到了下雪的季節，大家第一個想到的就是滑雪，下雪的地方有很多，但可以當滑雪場的地方卻不多。

將滑雪當運動的越野滑雪。

它與利用升降纜車將人載往高處，然後滑下來的練習場不同，它是在銀白色的原野中徒步、跑步、滑到無人的山谷樹林間；在雪上自由自在的追逐的運動。

在帆布背包中放個便當，一同來玩越野滑雪吧！

在越野滑雪不是在此誰的滑雪技術好，誰滑得快，而是享受在冬天的雪地裡，與大自然互動的樂趣。若沒有滑雪板，可以穿上踏雪套鞋在雪地裡散步。

試著搭個雪屋吧！

雪屋是愛斯基人用冰做成的房子，其實它很容易搭，在日本也可以搭得起來，只要搭得牢固，還可以在裡面過生活呢！將雪踩結實，就可以當做磚塊來使用了，將冰磚排成圓形，然後慢慢往上砌，就會變成圓天棚了。

舉行雪上運動會

在雪地上舉行運動會！用雪做成跳箱、平衡木、階梯道具，或設置競走的路障，在雪地上雖然不好走，但從跳箱上跌下來也沒關係，可以進行50公尺競走、蜈蚣競走、拔河，騎馬打戰等遊戲。試試看在雪上與在陸地上有不一樣的樂趣喔！

玩雪

<玩法>將木片或木炭用線綁起來，然後垂到雪上，將線上下拉，就可以釣到雪了，木片漸漸變成大雪球是非有趣的，可以比比看誰釣的雪球最，若貪心的話，想讓雪球再更大一點的話，雪球可能會破掉，需重新再來，其拉線方式與釣魚相似。

雪戰

<玩法>分成紅白兩隊來互相丟雪球，首先，先決定
雪球的數目，然後，被打到的人就得出局。另外還有
"擊落水桶"遊戲，就是將雙面臉的雪人擺在中間，
以此為中點分成兩組，看誰先把當做帽子的水桶擊落
，哪一組就贏了。記得，雪球中絕對不可以放石頭。

堆雪人

雪球堆在地上，做成大的雪堆，
將兩個大小不同的雪堆疊在一起
就完成了。眼睛可以用石頭或木
炭、鼻子或嘴巴可以用紅蘿蔔，
水桶可以當做帽子。

雪兔

用南天竹的紅果實當做眼
睛，葉子當做兔的耳朵。

雪橇

<玩法>紅色、藍色的塑膠雪橇很漂亮,也很好滑,但自己可以下點工夫,做成各式各樣的雪橇,在木箱上釘竹板就可以變成雪橇了。由斜坡上方開始,在重力方向抓住車把,然後開始向下滑。其實內胎、氣墊、塑膠盆、大塑膠袋等,在雪地上都一樣可滑得很順暢。

竹製滑雪板

　　<玩法>穿長統靴取代滑雪鞋，拿竹棒取代滑雪扙。
竹製滑雪板的部分則使用長 1公尺左右的粗竹子，將
之剖成兩半，前端20公分用長火烤，然後慢慢用力，
使之彎曲 20度左右。從中間向前向後 10公分的地方
打洞，然後穿洞，長統靴固定之後就完成了。

竹製冰刀

<玩法>冬天田中的冰就變成天然的溜冰場了。冰刀的做法大致與滑雪板相同。在冰上遊戲，最重要的是確定冰是否結得很堅固，別忘了準備條繩子，以防萬一。

享受音樂之美的音樂派對

音樂如同其字一樣是享受聲音的意思，想太多深奧的事，反而就快樂不起來了。

說到合奏，大家就會想到五線譜及音符，但在這裏不需要考慮到這個問題，大家只要做出適合自己，自己喜歡的樂器，然後一起合奏就可以了。

大家聚在一起開派對也有很多種，合奏是享受"聲音"的音樂派對，奏出讓大家能輕鬆聊天的音樂，沒有帶樂器的人，可以跟著哼哼唱唱。

不必在意演奏得好不好，只要大家氣氛愉快就好了，音樂不是某些人的專屬品，只要想到，大家都可以快樂地玩音樂。

沒有樂器的話，可以用吹口哨，或拍手來伴奏，可以派一個人出來獨奏，或是大家輪流獨奏，感覺就像樂團一樣，在獨奏時，其他人可以小小聲的伴奏。

就像拍打自己身體的不同部位會發出不同的聲音一樣，敲打、彈奏樂器不同的部位，也會發出不同的聲音，你不妨試試看敲水桶的哪個地方聲音最好聽，吹空瓶子的哪個地方聲音最悅耳。除了此處所寫的東西以外，在你週遭還有許多種悅耳的聲音，你不妨現在敲敲看，吹吹看吧！

自製樂器享受音樂的樂趣

只要有根棒子，任何東西都可以
變成打擊樂器。

將瓶子、茶杯、玻璃杯、罐子、茶碗等倒入不同的水量，
就會有不同的音調，就可以演奏出優美的旋律。

立體音響

自己敲一敲，奏出
悅耳的音調

用指尖稍微潤
濕磨擦一下。

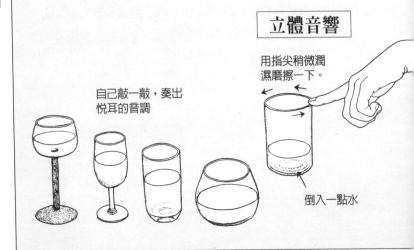

倒入一點水

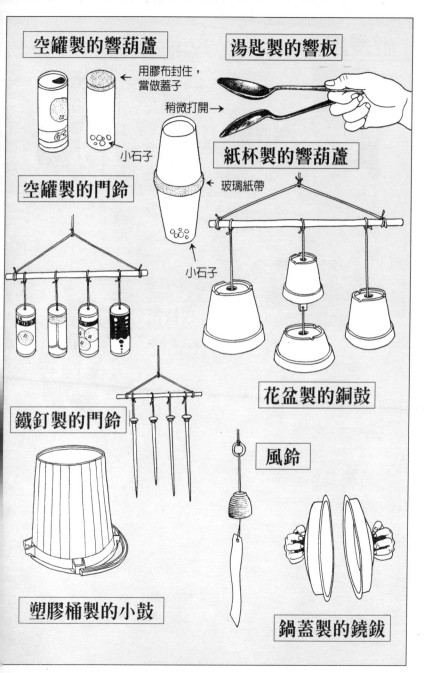

空罐製的響葫蘆

用膠布封住，當做蓋子 →

小石子

湯匙製的響板

稍微打開 →

紙杯製的響葫蘆

← 玻璃紙帶

小石子

空罐製的門鈴

鐵釘製的門鈴

花盆製的銅鼓

風鈴

塑膠桶製的小鼓

鍋蓋製的鐃鈸

做長笛

空製的長笛

瓶子靠在下嘴唇，然後吹氣。

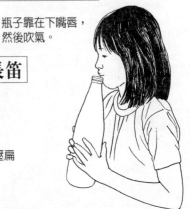

吸管製的長笛

吸管的一端要壓扁

吸管愈短，聲音愈高

← 20cm →

↕ 2.5cm

捲成粗如鉛筆的長筒狀

↔ 3.5cm

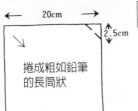

蜂鳴式長笛

慢慢地吹氣，就會發出各種蜂鳴聲。

竹製長笛

也可用塑膠管。

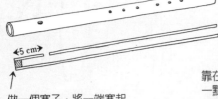

←5 cm→

做一個塞子，將一端塞起來，孔數則自行決定。

靠在下唇在下面一點的地方，然後吹氣。

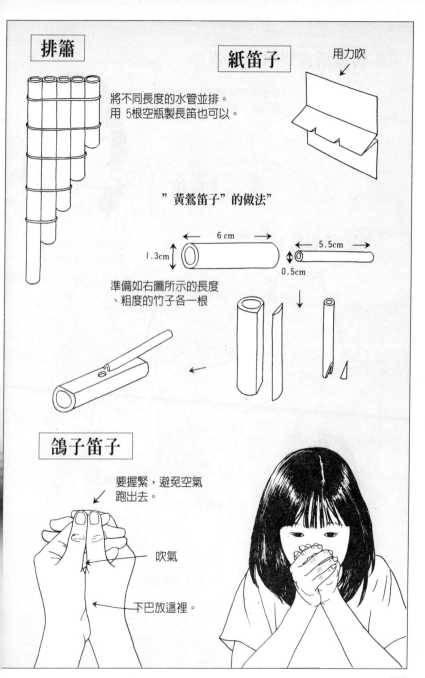

排簫

將不同長度的水管並排。
用 5 根空瓶製長笛也可以。

紙笛子

用力吹

"黃鶯笛子"的做法"

← 6 cm →   ← 5.5cm →
1.3cm   0.5cm

準備如右圖所示的長度
、粗度的竹子各一根

鴿子笛子

要握緊，避免空氣
跑出去。

吹氣

下巴放這裡。

牛奶糖紙盒製的單簧管

盒子要空空的，一邊的蓋子蓋起來，然後從另一邊吹。

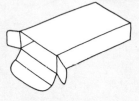

卡佐笛

使用梳子及牛皮紙，吹氣時，會有鳴聲。

空罐製的低音樂器

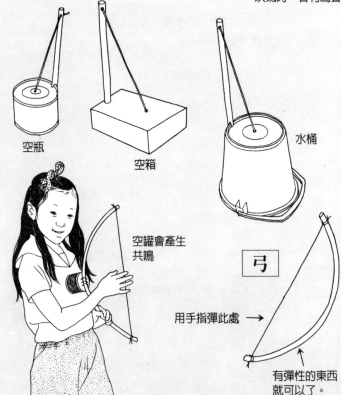

空瓶

空箱

水桶

空罐會產生共鳴

弓

用手指彈此處 →

有彈性的東西就可以了。

繞口令─你能說得又快又溜嗎？

鼓與虎

牆上掛個鼓，
鼓上畫老虎。
勁大打破鼓，
用布拿來補。
不知鼓補布，
還是布補虎。

童子打桐籽

桐樹滿桐籽，
桐下滿童子。
桐樹結桐籽，
童子要桐籽。
童子用筒子，
筒子打桐籽。
筒子落桐籽，
桐下樂童子。
童子拾桐籽，
桐籽滿筒子。
筒子滿桐籽，
桐下樂童子。

借綠豆

出東門，走六步，
碰見六叔和六舅，
好六叔，好六舅，
借我六斗六升好綠豆，
過了秋，收了豆，
再還六叔六舅六斗六升好綠豆。

南瓜砸娃娃

牆上有個老南瓜，
南瓜掉了砸娃娃。
娃娃哭著喊媽媽，
媽媽過來抱娃娃。
娃娃罵著打南瓜，
南瓜挨打不說話。

水杯

玻璃杯盛熱開水，
杯盛熱水水燙杯。
水燙杯，杯燙嘴，
杯水水燙摔水杯。
水燙水杯杯燙嘴，
水杯摔碎碎水杯。

八村八里舖

出北門，
上大路，
來到八村八里舖，
八舖八村住八戶，
八戶夫婦都姓傅。
住八戶，
八戶富，
八戶夫婦做豆腐。
傅戶做豆腐。
傅戶做豆腐，
夫婦賣豆腐。
傅戶賣豆腐，
八戶傅戶富。

上桑山

上了桑山歌山桑，
砍好山桑晒山桑，
晒好山桑捆山桑，
捆好山桑背山桑，
背著山桑下桑山，
下了桑山散山桑，
散了山桑燒山桑，
燒了山桑唱山桑，
唱著山桑桑山上。

長竹長

長竹長，
我也長，
長竹比我還要長。
長竹長，
我也長，
我和長竹一起長。
我想長比長竹長，
長竹長得比我長。
望著長竹長，
氣得哭一場。

彈簧和魚網

彈簧長，
魚網長，
長長魚網纏彈簧。
魚網長，
彈簧長，
彈簧長長拉魚網。
網纏彈簧簧拉網，
彈簧拉網簧更長。

頭子歌

天上日頭，
地下石頭，
嘴裡舌頭，
手上指頭，
桌上筆頭，
床上枕頭，
背上斧頭，
爬上山頭，
喜上眉頭，
樂在心頭。

釘釘鞋

鞋釘釘鞋鞋釘釘，
釘鞋鞋釘釘釘鞋。
釘鞋釘，鞋釘釘，
鞋釘釘，釘鞋釘。
鞋釘釘鞋釘鞋釘，
釘鞋鞋釘鞋釘釘。

包子

包子館裡包包子，
老包包子進館子。
館子靠老包包包子，
包子靠館子賣包子。
包子靠老包包包子，
館子靠老包興館子。

數字歌

一個籃子兩枝花，
三個女孩都來掐，
四里村上五個小娃娃，
拿了六塊爛泥巴，
七手八腳要砸九棵樹上的十隻老烏鴉。

月光光（台語）

月光光，秀才郎，
騎白馬，過蓮塘。
蓮塘背，種雍菜，
雍菜花，結親家。
親家門口一口塘，
放過鯉魚八尺長，
長的掠來炒酒吃，
短的拿來換姑娘。

新娘（台語）

新娘水噹噹，
褲底破一孔，
頭前開店窗，
後壁賣米香，
米香無人買，
跌落屎穴仔底。

作者介紹

奧成 達

　　詩人、散文家，著有詩集 "仙人掌男人" （思潮社、音樂評論集）、 "爵士三回" （冬樹社） 、" 深酒場自由性愛" （晶文社）、還有 "幽默之旅" "怪談集" "用英語來消磨沒有棒球的夜" （KK暢銷書） 等有關旅遊的書籍。

ながたはるみ

　　插畫家。除了本業之外，還著有 "一人獨享的自助旅行" （巢春書房） "鄉村圖鑑" （啓明書房）、 "花草遊戲" （鶴書房）、" 與花草為伍" 等書籍。

遊戲圖鑑

行政院新聞局局版台業字第4298號

出 版 者	專業文化出版社
發 行 人	白 淑 芬
作 者	奧 成 達
繪 圖	ながたはるみ
執行美編	林 俊 豪、張 永 棠
地 址	台北市內湖區環山路二段15號1F
電 話	(02)2657-8907
傳 眞	(02)2658-1796
郵撥帳戶	白 淑 芬
郵撥帳號	17115675
設 計	專業視覺設計
印 刷	華文印刷有限公司
裝 訂	建鑫裝訂有限公司
總 代 理	豐鶴文化出版社
	電話(02)2657-8907

總 經 銷 　凌域國際股份有限公司
　　　　　中和市中山路二段401號2F
　　　　　電話(02)3234-9565
　　　　　傳眞(02)3234-9825

香港經銷 　全力圖書有限公司
　　　　　香港新界葵涌打磚坪58-76號
　　　　　和豐工業中心一樓8室
　　　　　TEL:002-852-24947282
　　　　　FAX:002-852-24947609

西元1999年6月 一版一刷

定價 NT$360元

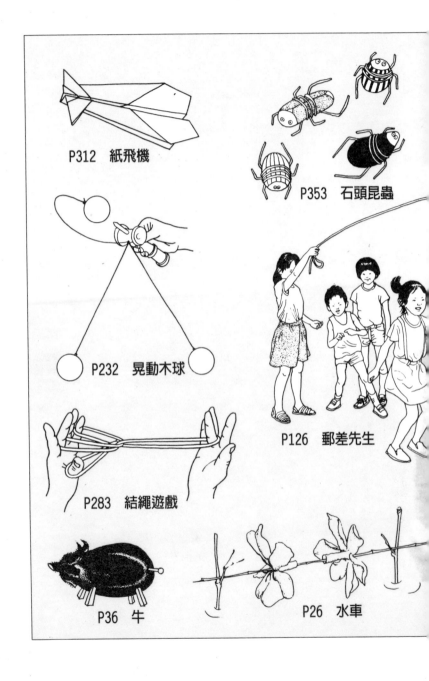

P312 紙飛機

P353 石頭昆蟲

P232 晃動木球

P126 郵差先生

P283 結繩遊戲

P36 牛

P26 水車